U0937242

智库 中社 年度报告
Annual Report

Report on China-India Thinktank Forum

中印智库论坛报告

主编 李文 毛悦

2016

中国社会科学出版社

图书在版编目（CIP）数据

中印智库论坛报告．2016／李文，毛悦主编．—北京：中国社会科学出版社，2016．8

（中社智库年度报告）

ISBN 978－7－5161－8738－8

Ⅰ．①中…　Ⅱ．①李…　②毛…　Ⅲ．①印度—研究报告—2016　Ⅳ．①D735．1

中国版本图书馆 CIP 数据核字（2016）第 189980 号

出 版 人　赵剑英
责任编辑　陈雅慧
责任校对　王　斐
责任印制　王　超

出　　版　中国社会科学出版社
社　　址　北京鼓楼西大街甲 158 号
邮　　编　100720
网　　址　http：//www.csspw.cn
发 行 部　010－84083685
门 市 部　010－84029450
经　　销　新华书店及其他书店

印　　刷　北京君升印刷有限公司
装　　订　廊坊市广阳区广增装订厂
版　　次　2016 年 8 月第 1 版
印　　次　2016 年 8 月第 1 次印刷

开　　本　710×1000　1/16
印　　张　15．5
插　　页　2
字　　数　168 千字
定　　价　59．00 元

目　录

经济篇

政治篇

文化篇

经济篇

第一章　中印经贸关系

周　睿　东　艳[1]

印度作为“金砖五国”之一，近年来取得的经济成就引起广泛关注，尤其是莫迪上台后力推新的经济政策，使得印度在2014年的经济增长率实现了首次赶超中国。莫迪的新经济政策主要强调三个方面：推广印度制造、强化基础设施和引进外资。这三个方面的成功实施背后必然是要打造经济更加开放、贸易更加自由的印度。

第一节　印度对外贸易发展的基本情况

一　印度贸易量的变化

尽管2008年全球金融危机使得全球贸易下降，但是印度的进出口从整体上有所增加。在表1－1中，印度2010—2011年度的出口为2563.18亿美元，进口为3834.81亿美元，贸易总额为6397.99亿

---

① 周睿，中国社会科学院世界经济与政治研究所博士后；东艳，中国社会科学院世界经济与政治研究所研究员。

美元，到了2013—2014年度，印度出口为3186.07亿美元，进口为4662.16亿美元，贸易总额为7848.23亿美元。从2010—2011年度到2013—2014年度，印度的出口平均增长率为7.92%，进口平均增长率为7.87%，贸易总额平均增长率为7.82%，均高于同期世界贸易的平均增长率。不过，印度的贸易赤字依然出现了增加，2010—2011年度印度的贸易赤字为1271.63亿美元，随后的两个年度连续增加，分别为1896.9亿美元、1956.56亿美元，在2013—2014年度，赤字有所下降，但仍高达1476.09亿美元，平均每个年度赤字的增长率为9.25%。因此，尽管印度的贸易增加明显，但是印度长期以来贸易逆差的状况并没有改变。

表1-1　印度进出口情况（US $ Million）

	2010—2011	2011—2012	2012—2013	2013—2014
出口（离岸价）	256318	309843	306581	318607
进口（到岸价）	383481	499533	502237	466216
贸易总额	639799	809376	808818	784823
赤字	-127163	-189690	-195656	-147609

数据来源：Trade Policy Review：India，WTO，14 September 2015。

外贸依存度反映了一个地区的对外贸易活动对该地区经济发展的影响和依赖程度，也反映了一个地区的外向程度。从表1-2中可以看到，印度的出口依存度、进口依存度和贸易依存度在2010—2011年度分别为22%、26.3%和48.3%，随后在2011—2012年度、2012—2013年度都有所提高，在2013—2014年度略有下降，这些数据的变化反映了对外贸易在印度经济中的影响程度在提高，印度对外开放程度也在提高。为了进一步通过贸易依存度来考察印度的外向程度，这里采用跨国数据做一个参照。根据世界银行的统计，2002 年，世界货物和服务出口占世界国内生产总值的比重为 23.9%，发达国家为 22.2%，中等收入国家为 31.7%，低收入国家为 25%；世界货物和服务进口占世界国内生产总值的比重为 23.3%，发达国家为 22.2%，中等收入国家为 28.3%，低收入国家为 25.4%，从这里可以看到，印度经济的外向程度和 2002 年时的低收入国家的平均外向程度最为接近，低于同期的中等收入国家的平均外向程度。此外，2002 年时，中国的出口依存度和进口依存度分别为 28.9%、25.9%，和印度当前的经济外向程度很接近，也就是说印度当前经济的开放程度和中国 2002 年时几乎相当。

表 1－2　　印度贸易依存度　　（%）

	2010—2011	2011—2012	2012—2013	2013—2014
出口依存度	22	23.9	24	24.8
进口依存度	26.3	30.2	30.7	28.4
贸易依存度	48.3	54.1	54.7	53.2

数据来源：Trade Policy Review：India，WTO，14 September 2015。

图 1－1 分别描述了 2010—2011 年度和 2013—2014 年度印度出口、进口的产品分布情况。印度出口最多的是石油和矿产品，其次是贵重宝石与金属还有纺织品，这说明印度出口的产品主要以资源型产品和劳动密集型产品为主。较 2010—2011 年度，印度的石油与矿产品、化学品、塑料橡胶、蔬菜和谷物、动物及其制品、运输设备的出口比例增加，机械电子设备、贱金属、贵重宝石与金属的出口比例有所下降。印度进口最多的

也是石油和矿产品，其次是贵重宝石与金属以及机械电子设备，与2010—2011年度相比，印度的石油与矿产品的进口比例有着明显的增加，贵重宝石与金属的进口比例则明显下降，机械电子设备、贱金属等的进口比例也略有下降。从进出口的产品分布情况可以看到，印度进出口比例最大的是石油和矿产品，主要是由印度的资源禀赋决定的，以铁矿石为代表的印度矿产相对丰富，而印度的石油储藏量较少，需要大量进口。

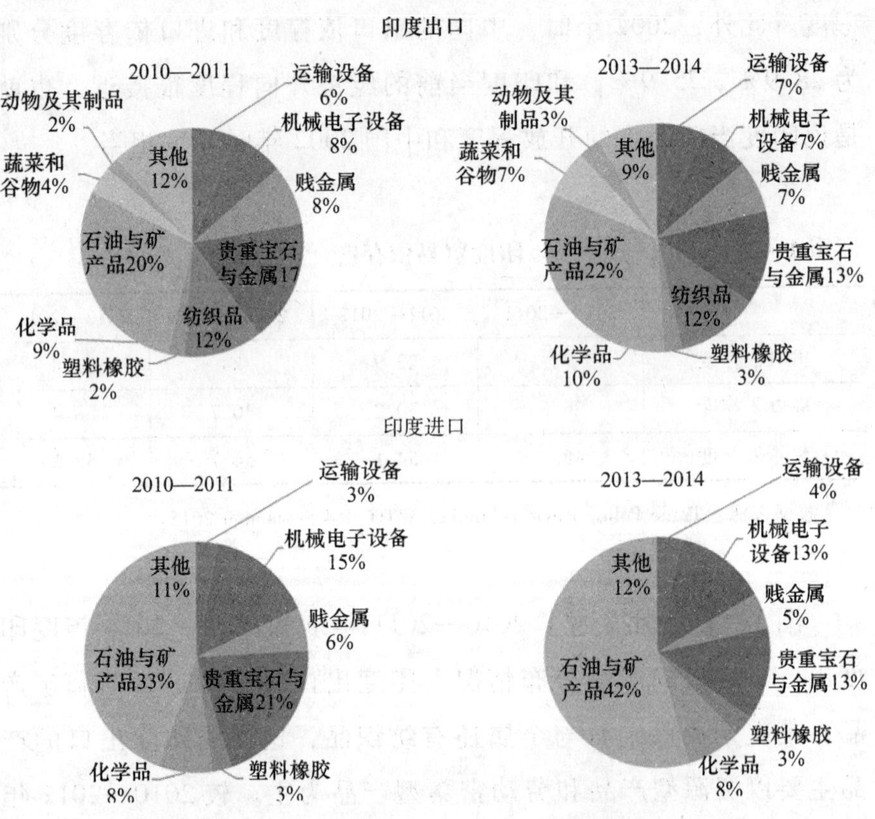

图1-1 印度主要的进出口产品分布

数据来源：Trade Policy Review：India，WTO，14 September 2015。

二　印度贸易的主要伙伴

在图 1－2 中，印度出口前三位的国家是欧盟 28 国、美国、阿联酋，如果按照大洲来分，印度主要出口亚洲，其对亚洲的出口约占印度总出口的一半，与 2010—2011 年度相比，2013—2014 年度，印度对欧盟、阿联酋、中国等的出口比例下降，对美国、非洲等的出口比例上升。印度进口主要来源国家也是亚洲，约占印度总进口的 60%，其次是欧盟 28 国，超过总进口的 10%，较 2010—2011 年度，印度 2013—2014 年度进口来源国的比例分布更为广泛，其中对来自中东地区的进口明显增加。从印度主要的进出口国家情况来看，印度的主要贸易伙伴集中在亚太地区。

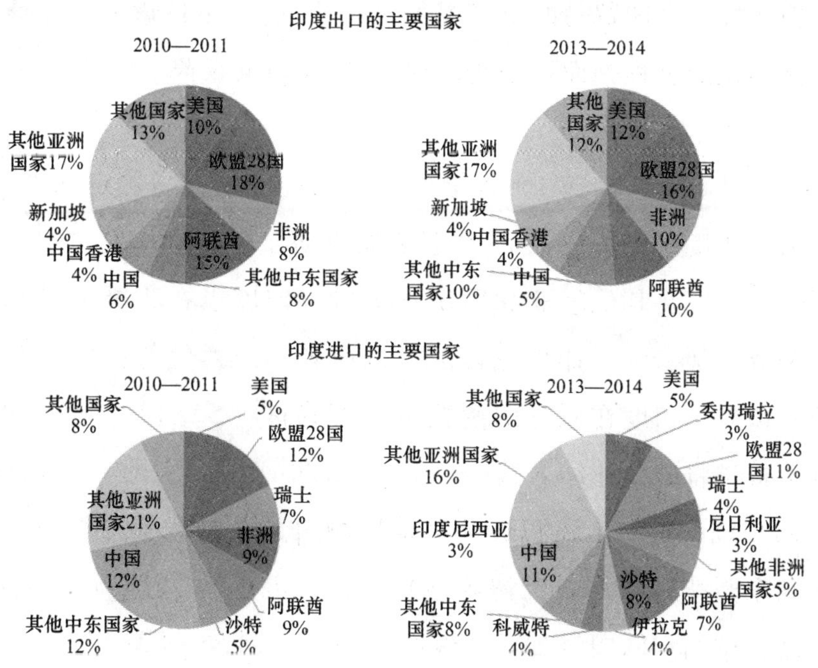

图 1－2　印度的进出口对象的分布

数据来源：Trade Policy Review：India，WTO，14 September 2015。

三 印度贸易协定与安排

印度作为WTO的创始成员，对其他WTO成员和其他贸易伙伴提供最惠国待遇，但是印度在对WTO推进贸易自由化的道路上显得比较保守。印度按照WTO规则取消进口商品数量的限制的同时，利用WTO中关于发展中国家优惠待遇的规定，要求与WTO重开谈判提高约束税率，对奶粉、斯佩耳特小麦、破碎米、玉米、食糖、新鲜葡萄干和苹果等的进口增收高额关税。印度认为WTO中关于反倾销的规定是成员保护国内工农业的重要工具，印度也因此成为反倾销调查频率最高的发展中国家。此外，印度因为粮食补贴问题没有和WTO达成一致，印度拒绝了旨在推动全球贸易的《贸易便利化协议》，不仅影响了全球贸易便利化的进程，而且使得多哈回合谈判继续陷入没有结果的状态。

印度除了参与WTO协定外，还推进区域贸易协定的谈判。目前，印度已经达成了15个区域贸易协定，这些协定主要是和周边国家以及其他的亚洲国家达成的，印度也在积极推进和澳大利亚、加拿大、印度尼西亚、以色列和新西兰等国家的自由贸易谈判。印度在原有的南盟自由贸易区（SAFTA）协定的基础上推进将服务业纳入其中，形成SATIS（SATFA Trade in Services）。同时，印度还积极和其他区域自由贸易区展开谈判，印度和东盟就服务与投资协议达成一致，并于2015年7月生效；印度还试图和欧盟（EU）、南部非洲关税同盟（SACU）、RCEP等谈判。此外，印度还利用其在服务贸易领域的优势，在服务贸易总协定（GATS）的基础上寻求更多的开放空间。

印度试图借助于多边或者双边自由贸易协定来发挥其比较优势，从贸易中获取最大收益，但是考虑到印度的具体情况，国内存在着不同的利益集团，这些利益集团通过游说政府或者影响选票，使得印度在多边或者双边自由贸易协定的谈判中需要顾及国内多方利益诉求，而与此同时，多边或者双边自由贸易协定往往是成员相互妥协的结果，如果印度不愿意在一些领域作出妥协，那么会导致协定难以达成或者协定涉及的贸易便利化内容难以深入。因此，如何协调国内不同利益集团的诉求将决定印度参与多边或者双边自由贸易谈判的实际效果。

四　印度的贸易政策

印度的贸易政策由商业和工业部下的商务部门负责制定和执行。印度商务部门的目标是创造便利的环境和基础设施来加速出口增长，其职责是通过制定合适的贸易和商业政策并执行各种规定来管理、发展和提高印度国际贸易和商务的水平。印度商务部门制定、执行和监督对外贸易政策（FTP），FTP 每五年发布一次，但是每年会进行修订，形成促进出口的基本政策框架。印度商务部门还负责多边或者单边商业关系、特别经济区、国营贸易、鼓励出口和贸易便利化以及对某些出口导向的行业和商品进行促进和管制。

印度从独立至 20 世纪 70 年代末实施“进口替代”政策，以此保护和发展本国的民族产业，对外贸易在经济中的作用并不显著。到了 20 世纪 80 年代，印度开始实施“进口替代”与“出口促进”并重的贸易政策。进入 90 年代后，尤其是 1995 年加入 WTO 后，印度将贸易政策调整为“出口导向型”。推行重商主义的印度总理莫迪上台后，积极推进新的政策，以刺激印度制造业和服务业的出口，根据印度商务部门公布的2015—2020年对外贸易政策，印度强调了五点新变化：第一，对劳动密集型和高增长潜力行业的商品和服务出口增加激励措施；第二，提出到2020年印度商品和服务出口达到9000亿美元；第三，改变了对外贸易政策的修订期限，由过去的一年一修订改为两年半修订一次；第四，对于特定商品的网上出口交易、特别经济区的商品出口、开拓特定欧盟市场等将获得政府的支持；第五，出口到与印度签订了自由贸易协定的国家的商品和服务将得到较高幅度的支持。

从印度对外贸易政策的走向来看，印度政府充分意识到融入全球化的重要性，通过制定促进贸易发展的政策，提高贸易在经济增长中的贡献。但是一方面由于印度长期实施保护国内市场的政策，对国内市场的保护程度比较严重，在相当长时间内难以彻底改变，另外一方面印度权威政治的缺乏也使得促进贸易发展的政策难以高效执行。总之，印度积极走在对外开放的路上，但是前方仍然充满荆棘。

五 贸易壁垒

目前，印度仍然维持着较高的贸易壁垒，这些贸易壁垒主要包括：（1）维持较高的平均实际适用关税，譬如对纺织品最高征收143%的关税，对畜产品、水果、蔬菜、植物以及油料和油脂等产品征收最高100%的关税。（2）对奶油、白奶油、黄油、脱水乳脂肪、玉米、初榨葵花籽油和红花油以及精炼菜油和芥子油等产品实施关税配额，且配额分配程序复杂和不透明。

（3）禁止进口中国牛奶和奶产品。（4）实施《电子与信息技术产品法令》。针对服务贸易，也设定了较高的贸易壁垒，譬如印度规定保险业外资持股比例不得超过26%，严格限制外资银行进入印度市场。

综上所述，印度近些年来进出口贸易获得了较快的增长，但是仍然维持着进口大于出口的状况。印度也在积极调整对外贸易政策，参与双边或者多边贸易合作机制谈判，努力打造一个经济更加开放的环境，但是印度对国内市场的保护程度依旧很高，维持着很高的关税壁垒、非关税壁垒，这些制约着印度对外贸易的进一步发展。

第二节　中印经贸关系

一　中印双边经贸发展情况

中国和印度山水相依，互为近邻，在历史上双方就互有贸易往来，但是由于自身的经济发展水平、双边的地缘政治问题，中印双边贸易长时间内维持在一个极其有限的范围。直到1996年，时任国家主席江泽民同志对印度进行国事访问，两国的经贸往来才开始回暖。但是中印贸易得到真正的增长，还是2002年朱镕基总理访问印度之后。从2002年开始，中印贸易的规模开始不断扩大（见图1-3）。2002—2008年中印贸易年均增长48.79%，2009—2013年，尽管中印双边贸易受到全球金融危机和贸易保护主义的影响，贸易总量的增速出现了一些波动，但是仍然维持了较快的增长趋势。目前，印度已经成为中国第18大贸易伙伴和第八大出口市场，而中国则是印度第一大贸易伙伴和第三大出口市场，中国在印度的对外贸易中扮演着越来越重要的角色。此外，截至2012年底，中国与印度签订承包合同累计金额601.31亿美元，完成营业额335.18亿美元，印度已经成为中国工程承包产业最大的海外市场之一。

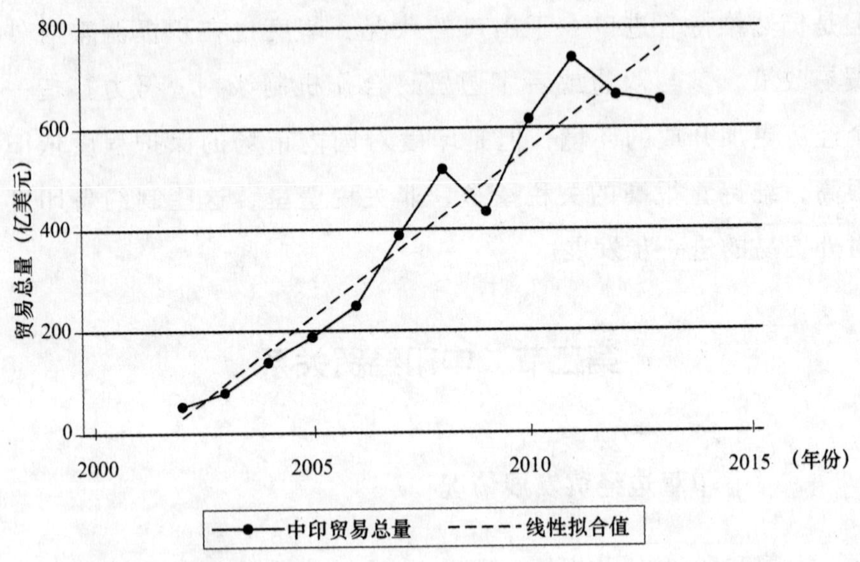

图1-3　2002—2013年中印贸易总额变化（中国海关统计）

与中印贸易规模不断扩大相对应的是中印贸易进出口差额不断加大（见图1-4）。2002年，在中印双边贸易中印度的逆差只有4亿美元，而在随后的三年中，印度对中国的出口大于进口，贸易顺差分别为9.08亿美元、17.42亿美元和8.32亿美元，2006年，印度对华贸易的逆差迅速增加，2013年印度对华的贸易逆差已经达到了314.62亿美元，是2006年的7.3倍，中国成为印度贸易逆差来源国中贸易差额最大的国家。

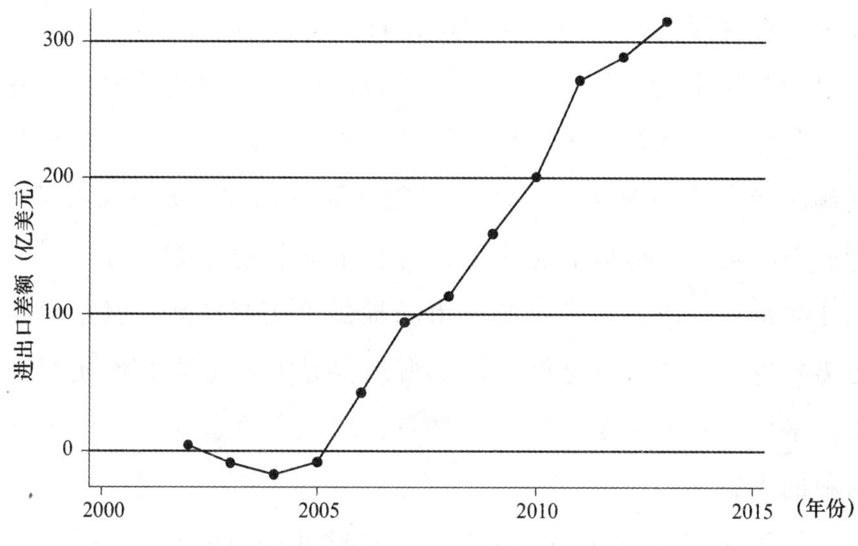

图1－4　中印进出口贸易差额（中国海关统计）

随着中印两国经济的发展和产业结构的转型，双方的贸易结构也发生了相应的变化。在20世纪90年代，中国主要向印度出口生丝、杂豆、松香、畜产品、纺织品、新闻纸、钢材、建筑材料、柴油、焦炭、石蜡、染料、塑料原料、医药原料、机械电子等，化工产品和机械产品是中国出口到印度的前两位商品。中国从印度进口的主要有铁矿砂、黄铁矿、尿素、化工原料、药材、合成纤维、烟叶、胶合板、海产品、皮革、钢锭和各类宝石。中印双方在这个阶段的进出口产品主要是矿产品、初级农产品以及一些劳动密集型产品。进入21世纪之后，中国对印度出口商品的结构发生了巨大的变化，中国对印度出口的主要产品变为电机、电气、音像设备及其零附件、锅炉、机械器具及零件、有机化学品、肥料、钢铁制品、塑料及其制品、钢铁、光学产品、照相机、医疗等设备及零附件等。如2012年印度自中国进口的机电产品、机械设备、有机化学品、文物制品和肥料这五类产品占其从中国总进口的64.8%。印度对中国出口的产品主要是棉花、矿砂、矿渣及矿灰、铜及其制品、有机化学品、石灰及水泥、矿物燃料、矿物油及其产品和塑料及其制品等，其中棉花、矿产品是印度对华出口的最主要商品。当前中印贸易结构基本反映了二者在全球制造业中的分工，中国作为世界工厂，向多个国家市场提供工业制成品，但是同时也需要进口大量的原材料，印度则是世界上最重要的优质棉花生产基地，并拥有丰富的铁矿储量，因此印度也就成为中国原材料的来源国之一。

尽管近十来年中印贸易取得了较快的发展，双方在彼此贸易中的地位都有所提升，但是印度对华频繁的反倾销影响双边贸易的可持续增长。印度是发起反倾销调查第二多的国家，也是WTO成员实施最终反倾销措施最多的国家。据统计，从1992年印度对华发起第一起反倾销调查以来，截至2013年，印度对中国产品一共发起了163起反倾销调查，1起反补贴调查，9起特保措施调查和17起保障措施调查。仅在2013年，印度对中国的石墨电极、硝酸钠、USB闪存驱动器、绝缘子、精对苯二甲酸、电子计算器和平板玻璃等七类产品提出反倾销调查，对亚硝酸钠、铁、合金或非合金钢制（非铸铁盒不锈钢制）无缝管、空心异型材和乙酰乙酸甲酯等3类产品发起保障措施调查，对石膏板、厚度6毫米以下树脂或其他有机物质黏合的木材或木质纤维板、300系列不锈钢热轧板材、高氯酸钠、亚硝酸钠、乙酰乙酸甲酯、4,4’-二氨基二苯乙烯-2,2’-二磺酸、间苯二胺等8类产品实施反倾销和保障措施。

除了反倾销之外，印度实施的技术性贸易措施也影响了中印贸易的发展。2013 年 10 月 3 日印度开始实施电子与信息技术部发布的《电子与信息技术产品（强制性注册要求）法令》。该法令共对 8 类信息技术产品、5 类音视频类产品和两类家电产品进行了管制，规定法令涉及的电子产品必须在印度标准局认可的实验室进行相应标准的测试及注册，并加贴相关标志。该法令在实际的执行过程中存在着诸多问题，譬如测试和注册时间时限不确定、单章证书要求的型号数不合理、产品的关键零部件清单未列出、测试实验室送样要求不明确、注册批准顺序混乱、延期注册的时限表等，严重影响了电子信息类产品进入印度市场。由于《电子与信息技术产品（强制性注册要求）法令》涉及的电子信息类产品是中国具有比较优势且主要的出口商品，因此，该法令对中国对印度出口具有强大的负面影响。

二　两国经贸关系的制约因素

第一，中印两国贸易存在结构上的不对称。

从中印经贸发展情况可以看到，中国对印度的出口商品已经从初级加工品和劳动密集型产品为主转变为具有较高技术含量的产品为主，而印度对中国出口的产品依旧还是以初级加工品、矿产品和劳动密集型产品为主。按照国际贸易中的比较优势理论，参与贸易的国家都出口具有比较优势的产品，进口不具有比较优势的产品，能够提高总产出，并增进参与国的福利。但是在当前的国际贸易中，由于技术导致贸易附加值的不同而使得贸易参与国获得的福利差异悬殊，也就出现了所谓的不公平贸易。在全球价值链的分工中，从事技术密集型商品生产的国家在贸易中往往比单纯出口初级加工品、原材料和劳动密集型产品的国家要获得更多的附加值，其在贸易中也更容易处于主导地位，因此，所谓的比较优势在不同技术水平的国家贸易中便难以维持下去，处于技术劣势的一方往往会选择攀升全球价值链，来改变其在全球价值链中的地位，并试图获得更多的贸易附加值。在当前的国际分工中，仅仅依靠市场经济的自由竞争并不能使一个国家成功地攀升全球价值链，而是需要政府的干预。在中印贸易中，印度并不满足于仅仅出口初级加工品、原材料和劳动密集型产品，印度会采取贸易保护主义政策限制中国具有较高技术含量的产品进口，包括设置高关税、技术性壁垒等，以此达到保护国内相关产业，为这些产业的技术升级创造宽松的竞争环境，以在贸易中获得更加公平的地位。

第二，印度滞后的基础设施。

基础设施的建设水平直接关系到国际贸易的发展，印度滞后的基础设施水平在一定程度上遏制了中印贸易的进一步扩大。中印两国虽然从陆地上相连，边界连绵数千公里，但是仍然没有公路或者铁路作为陆上贸易运输通道，中印双方的大部分贸易只能通过南海，绕道马六甲海峡，抵达印度，这就使得中国中西部地区和印度的贸易成本激增。同时，印度长期以来电力能源供给不足，国家输电网络建设资金短缺，大型国有配电公司盈利困难，电力盗窃成为常态，全国有三分之一的地区无法获得电力供应，甚至印度的大城市也会出现经常停电的情况；印度一半的国土没有公路，质量达标的高速公路不足四分之一，且印度的铁路网也面临老化问题，新修铁路进展缓慢；印度港口基础设施比较滞后，通关手续繁杂且效率低下。印度国内基础设施供给不足对中国进口的产品存在两个方面的影响：一方面是基础设施的供给不足提高了中国进口产品的流通成本，也就相应地提高了中国进口产品的价格，减少了印度居民对中国进口产品的需求；另一方面基础设施的供给不足不利于印度生产率的提高，从而使得居民收入增长缓慢，减少了对中国进口产品的需求。印度国内基础设施供给的不足也增加了中国进口印度产品的成本，譬如中国纺织厂从印度进口棉花，由于交通运输和港口效率问题，可能带来到达中国港口的时间不确定的情况，那么中国的纺织厂就必须保持更多的库存，以保证生产的持续进行，这样也就降低了中国企业的资金周转速度，增加了库存成本。

第三，政治和安全因素干扰。

在当前的国际贸易中，贸易不仅仅涉及经济问题，政治因素也发挥着不可忽视的作用。干扰中印贸易的政治和安全因素主要包括：(1) 印度和巴基斯坦的关系长期处于敌对和对抗状态，而中国和巴基斯坦长期保持着紧密的政治、经济和军事关系，这种关系被印度认为是超越了正常的国家关系，对印度的国家利益形成了威胁，从而降低了中印政治互信，影响中印双边经贸合作。(2) 中印边界问题仍然悬而未决，由于以英国为首的西方殖民主义在对印度和中国西南边界进行殖民侵略时遗留下来的诸多边境问题，中印边界的东段、锡金段、中段和西段都存在着不同程度的领土纠纷，尽管中印政府都试图寻找公平、合理解决边界争端的方式方法，但是至今仍然没有取得实质性的突破，甚至还存在潜在冲突的风险，阻碍了中印边境贸易的发展和边境贸易通道的建设。（3）中印两国都是人口大国，两国在二战结束后也基本上属于类似的发展水平，中印双方也经常将对方作为自己发展的参照，但是近三十年来，中国经济的快速发展与印度经济发展的相对滞后使得双方的差距拉大，“中国威胁论”便在印度获得了一定的市场，对中国商品可能会产生一定的抵制情绪。尽管中印都存在着扩大双边贸易的愿望，但是政治和安全因素会干扰印度对华贸易政策的执行，给双边经贸带来一定的阻力。

第四，印度的大国意识与经济发展战略。

印度自独立以来便奉行独立自主和不结盟的对外政策，这一政策的核心理念是：印度作为一个幅员辽阔、历史文化悠久、具有较大发展潜力的国家，应该独立于任何意识形态或者权力集团之外，应该获得和联合国常任理事国类似的政治地位。英迪拉·甘地提出希望印度不仅成为古印度文明的继承者、主宰南亚的强国和不结盟运动的领袖，还要把印度变为受人尊敬的重要国家和国际社会的重要角色，实现“穷国也能发挥大国作用”的愿望。印度的大国意识决定其在对中国的经贸战略中存在潜在的赶超和竞争意识，制约着其制定更加开放的对华贸易战略。此外，印度在究竟发展“外向型经济”还是“内向型经济”上存在着纠结，一方面印度认为积极融入全球化，引进外资和促进出口，改善基础设施，能够提高印度经济的增长率，但是另外一方面印度又受困于长期实现“内向型经济”发展的战略的思维惯性，过度地对国内市场实施保护。印度的大国意识和经济发展战略不仅不利于进一步扩大中印贸易，而且阻碍了印度融入全球化的进程。

三　两国经贸关系的前景

第一，政治关系的不断改善奠定了两国经贸发展的基础。

尽管中印双方存在着边界问题、西藏问题以及地缘政治竞争等方面的问题，但是两国的政治关系在这近二十年来一直不断地改善，推动中印经贸合作向更深更广的领域发展。在 1993 年 9 月，中印双方签署了《关于在中印边境实际控制线地区保持和平与安宁的协定》。2000 年 5 月，江泽民主席在会晤印度总统纳拉亚南时提出要扩大两国经贸合作。朱镕基总理 2002 年在访问印度时签署了多项合作协议，随后，印度总理瓦杰帕伊访华，双方签署了《中印关系原则和全面合作宣言》和科技、教育、能源等领域的 11 个文件。2005 年，温家宝总理访问印度，双方就边界问题达成了政治指导原则协定。胡锦涛主席 2006 年访问印度期间两国发表了《联合宣言》，将加强双边经贸合作、边境贸易合作等提高到战略层面。2008 年，印度总理辛格访华，签署了中印《关于 21 世纪的共同展望》。2010 年实现了印度总统帕蒂尔和中国总理温家宝之间的互访。2012 年 3 月，胡锦涛主席在印度参加金砖国家领导人第四次峰会期间访问了印度，就中印共同关心的相关问题交换了意见。2013 年 3 月，习近平主席在南非德班会见印度总理辛格时给中印关系进行了定位，认为中印关系是中国最为重要的双边关系之一，双方要保持高层互访和接触。2013 年 5 月，李克强总理访问印度，双方签订了一系列经贸合作协议。2014 年 9 月，习近平主席访问印度，双方就未来 5 年到 10 年中印战略合作伙伴关系的发展进行了规划。2015 年 5 月，印度总理莫迪访问中国。从中印两国高层次领导人的频繁往来和交流的情况来看，双方都很重视双边关系，并努力推动两国经贸合作，实现合作互赢。

第二，经济的快速增长和巨大的市场潜力加速双边贸易的发展。

中印两国作为世界上最大的发展中国，是“金砖五国”中重要的两块金砖。1992—1996 年，印度 GDP 的年均增长率为 6.5%，2002—2007 年，印度 GDP 的年均增长率为 7.6%，2010—2012 年，印度 GDP 年均增长率为 6.3%，亚洲开发银行预测，印度 2016 年 GDP 增长率会达到 7.8%，这一增长速度将有可能超过中国同期的增长速度。根据中国国家统计局核算，改革开放以来中国经济的年均增长率为 9.8%，尽管近年来这一增速有所下降，但是也维持在 7% 上下。由此可见，中印两国的经济规模在不断扩大。同时，中印两国人口规模巨大，分别是世界上第一和第二大人口国，截至 2013 年，中国总人口为 13.57 亿，印度的总人口为 12.52 亿，巨大的人口数量创造出巨大的市场潜在需求。此外，与经济增长相伴的是家庭财富的增加和中产阶级的兴起，根据瑞士信贷银行《2014 年全球财富报告》，中国的中产阶级占全世界中产阶级的 30%，人数达到了 3 亿人，印度的中产阶级人数约为 3 千万，该报告同时指出，到 2019 年，中国拥有资产在百万美元以上的富豪人数将达到 230 万人，印度将有 29.4 万人。《福布斯》中文版和宜信财富发布《2014 年中国大众富裕阶层财富白皮书》显示，中国中产阶级的人数达到了 1197 万。中产阶级的兴起会带来消费的快速增长，消费从基础消费（衣食住行）向体验性消费过度，即运动健身、文化艺术、休闲娱乐到时尚奢侈品的消费都有较大幅度的增长。中印两国的经济发展和巨大的人口将为两国贸易的发展提供强大的动力。

第三，贸易结构的互补与经济发展策略的呼应为双边贸易的发展创造巨大的空间。

中印两国由于发展战略和资源禀赋上的一些差异，使得两国在产业发展上存在着较大的差异，这种差异反映到贸易上便是贸易结构的不同。中国实施出口导向型发展战略，利用丰富和廉价的劳动力，积极参与全球分工和攀升全球价值产业链，逐步从出口劳动密集型产品向出口资本、技术密集型产品转变，并形成了较强的制造业零部件配套能力，成为世界工厂。而与此同时，印度一方面对制造业继续实施“进口替代”，使得制造业的发展缓慢，另一方面发挥在教育和语言方面的优势，以软件外包为代表的服务业竞争优势明显，以至于提出了要将印度打造成“办公室”的设想。随着中国的人口老龄化加快，中国的劳动密集型产业以及部分技术含量较低的产业会向外转移，并和国内的产业链形成新的配置，印度因其丰富的劳动力资源恰好可以成为承接这些产业转移的理想基地，因此，印度对华出口的产品结构也会出现升级，此外，中国拥有高水平的硬件制造能力，可以和印度高水平的软件开发相对接，制造出更好客户体验的创新产品。中国在积极实施“一带一路”建设，印度作为“一带一路”建设中的重要国家，其薄弱的基础设施将会从中国“一带一路”战略中获得改进，同时，印度莫迪政府也在试图实现外向型经济发展战略，积极引进外来投资，改善印度投资环境，扩大对外贸易，中印双方在发展战略上的呼应，也便于双方经贸关系的顺利开展。

总之，尽管存在一系列制约因素，但是中印贸易仍然取得了长足的发展，中印双方在彼此的贸易地位中都有所提升，尤其是中国已经成长为印度最为重要的贸易伙伴。由于两国都存在改善和提高政治互信、扩大对外贸易的目标，再辅之以双方快速增长的经济规模、巨大的市场空间、贸易结构的互补和发展战略的呼应，中印贸易将会得到进一步的发展和壮大。

第三节　中印经贸合作的机制

一　孟中印缅（BCIM）地区经济合作

孟中印缅（BCIM）地区经济合作是在20世纪90年代由中国率先提出的，并得到了其他三国的积极响应。BCIM不仅在经济上提出实现区域一体化、贸易便利化等发展战略，而且还就地区间诸如毒品走私、非法移民等非传统安全问题给予了关注。尽管如此，由于BCIM涵盖的是世界上最不发达的地区之一，区域内的对外贸易主要依赖于向世界市场出口初级产品或者低附加值产品，区域内贸易只占其贸易总额的一小部分，区域间在经济上并未形成区域一体化的内在需求；同时，区域内社会形态、政治制度、民族、宗教信仰、文化方面也存在显著的差异性，因此，BCIM从提出至今，并没有取得真正实质性的进展。要推动BCIM地区经济合作的深入，中印作为该地区的两个大国，应当主导起BCIM经济走廊建设。

中国在BCIM所涉及的四个国家中经济发展水平最高，也最有能力和可能为BCIM地区提供基本合作秩序和基础设施。对中国而言，通过推进 BCIM 地区经济合作，可以打通通往印度洋的出口，有助于中国落实“西部大开发”战略和“一带一路”战略。借助于通往印度洋的出口，可以降低中西部出口产品的运输成本以及运输时间，便于企业以更低的价格和速度给非洲、中东、欧盟客户供货。打通通往印度洋的出口，可以优化中国的产业布局，沿海地区的大量产业会向中西部地区转移，一方面可以缓解沿海地区工业用地紧张、环境承载压力大的情况，为沿海地区产业转型升级提供空间，另外一方面可以缩小区域发展差异，实现区域协调均衡发展。因此，中国可以从 BCIM 经济合作中获得较大的收益。不过，中国在推进 BCIM 经济合作中存在两个绕不开的问题，一是 BCIM 地区中的其他国家担心在中国主导的 BCIM 经济合作下会被边缘化，尤其是印度一直将印度洋作为“内湖”来看待，反对任何大国涉足印度洋，在这种情况下，中国必须拿出令其他国家信服的方案使 BCIM 成员国实现共赢，并和印度实现政治互信；二是 BCIM 地区地理环境特殊，属于多地震地带，且工业基础薄弱，使得基础设施投资的成本很高，而收益则在短时间内难以体现出来。

印度是另外一个可以为 BCIM 经济合作提供重要性力量的国家。借助于 BCIM 经济合作机制，印度可以实现“东进”和“南进”。向东可以借助于和中国的合作，参与远东产业链的分工协作；向南可以借助于缅甸加强和东盟的合作，强化南亚和东南亚之间的经济合作。整体来说，印度参与 BCIM 的建设，能够扩大印度的国际经济合作空间，符合莫迪政府的新经济政策。同样，印度要成为 BCIM 经济合作中的重要力量，也面临着一些问题。首先，BCIM 地区当前基础设施建设极为薄弱，印度不仅缺乏投入基础设施建设的资金，也缺乏进行基础设施建设的技术和施工管理能力；其次，BCIM 地区的经济合作需要提供基本的合作秩序，印度长期以来形成的相对保守的对外经济合作理念和大国意识，阻碍了印度为该地区提供基本的合作秩序；最后，由于中印在政治上仍然不够互信和印度的“印度洋”战略，限制了印度参与 BCIM 经济合作的步伐。

综上所述，BCIM 经济合作机制在当前的格局下难以真正有效地向前推进。BCIM 经济合作机制要能够有效运作的核心是孟中印缅经济的增长，只有各方经济实力增强到一定程度后，区域内的经济合作变得频繁，才会对区域一体化产生内在的需求。要实现 BCIM 地区经济的增长，从东亚国家发展的经验来看，要实施积极的对外开放策略，参与全球分工，让本国的生产要素融入全球价值链中，分享全球化带来的红利。基于此，孟加拉国、印度和缅甸应该实现更加开放的经济政策，更加包容的心态，吸引各国的投资。良好的基础设施有助于吸引国外投资，在 BCIM 经济合作中可以适当地基础设施先行，可以成立 BCIM 基础设施开发银行，逐步推进 BCIM 地区的铁路网、公路网、信息网的建设。此外，中印两国要增强政治互信，共谋发展大计。

二　金砖国家合作

近些年来，以中国、俄罗斯、印度、巴西和南非为代表的发展中国家经济取得了快速的发展，成为拉动世界经济的重要力量，于是便将这五个国家的合作称为金砖国家合作机制，把这五国称为金砖国家。金砖国家合作机制最早始于 2009 年，巴西、俄罗斯、印度和中国等四国领导人在俄罗斯叶卡捷琳堡举行会晤，正式启动了金砖国家合作机制，四国领导人探讨了如何共同应对国际金融危机，规划了四国对话合作协调的发展蓝图。2010 年，金砖国家领导人在巴西举行第二次会晤，共同呼吁“世界需要一个经过改革、更加稳健的金融体系，使全球经济能有效预防和抵御未来危机的冲击”。2011 年，金砖国家领导人在中国海南省三亚市举行了第三次会晤，通过了《三亚宣言》，对金砖国家未来的合作进行了详细的规划，签署了《金砖国家银行合作机制金融合作框架协议》。2012 年在印度新德里举行了第四次会晤，共同发表了《德里宣言》，提出了金砖国家一体化经济的原则，此外，五国开发银行共同签署了《金砖国家银行合作机制多边本币授信总协议》和《多边信用证保兑服务协议》。2013 年金砖国家领导人在南非德班进行了第五次会晤，制定了金砖国家开发银行的路线图，并将其作为世界银行之外的另一种选择。2014 年，在巴西举行了金砖国家领导人第六次会晤，除了设立金砖银行外，成立了金砖国家应急储备基金、金砖能源联盟。2015 年，金砖国家领导人第七次峰会在俄罗斯举行，会议发表了《乌法宣言》，制定了《金砖国家经济伙伴战略》，推动金砖国家继续向“一体化大市场、多层次大流通、陆海空大联通、文化大交流”的目标迈进。

尽管金砖国家的合作机制启动时间不长，但是取得了显著的效果，已经成为未来可能深刻影响国际经济秩序的国家间合作机制之一。金砖国家合作机制能够在短时间内获得快速发展，主要原因有如下几个方面：第一，当前国际政治话语权和国际经济秩序主要由欧美发达国家主导，金砖国家在经济社会快速发展的时候必然会对国际政治和经济秩序提出新的需求，譬如，在金砖国家中，俄罗斯和巴西都是以原材料出口为主的国家，而中国则主要出口工业制成品并进口原材料，但是在当前的国际经济秩序下，中国购买俄罗斯、巴西的原材料或者俄罗斯、巴西进口中国的工业制成品，则需要用美元进行结算，且原材料的定价权也被欧美发达国家所控制，金砖国家需要通过合作来表达自己的诉求，并试图改变当前的国际政治经济格局。第二，美国金融危机的爆发也加速了金砖国家合作的进程，金融危机的爆发不仅冲击了金砖国家的经济，更使金砖国家意识到金融稳定的重要性，而金砖国家的金融发展水平与发达国家相比，差距较大，要规避未来可能的金融危机，需要进行合作。第三，在金砖国家的合作机制中，尽管中国的经济实力在成员国中最强，但是其他成员国也属于发展中国家中的大国，这样在彼此的合作中不存在被边缘化的担忧，且中国也积极推动金砖国家间的合作，为金砖国家的合作机制的建立和推进做出了很大的贡献。

印度在金砖国家合作机制中比较积极，首先，金砖国家合作机制中所涉及的内容能够有助于印度经济的发展，譬如，金砖国家开发银行未来有可能为改善印度落后的基础设施提供帮助；其次，金砖国家合作机制中所涉及的对国际经济秩序的诉求，同样也对印度有着积极的影响，尤其是对当前国际金融秩序的改革，增加发展中国家在世界银行、国际货币基金组织中的话语权；再次，金砖国家的合作能够为印度的大国意识提供平台，印度一直希望可以在国际舞台上作为一个有分量的国家出现，但是受制于自身经济实力的影响，印度在国际舞台上的分量不足，借助于金砖国家合作机制，能够放大印度的声音，增强印度对国际事务的影响力；最后，金砖国家合作机制是一个多边合作机制，不直接涉及印度较为敏感的印度洋、中印边界等问题。尽管如此，随着金砖国家合作机制的深入，尤其是在区域一体化的问题上，印度可能又会因为保守主义而出现退缩。

三　区域全面经济伙伴关系（RCEP）

区域全面经济伙伴关系（RCEP）是由东盟十国发起，邀请中国、日本、韩国、澳大利亚、新西兰、印度等共同参与，旨在通过消减关税及非关税壁垒，建立16国统一市场的自由贸易协定。RCEP在2011年印尼东盟峰会上首先提出，并在2012年柬埔寨东盟峰会上宣布正式启动谈判，并希望在2015年底完成谈判。RCEP谈判的内容覆盖货物贸易、服务贸易、经济和技术领域、知识产权、投资、争端解决机制等方面。RCEP覆盖东亚、东南亚、南亚以及大洋洲，是一个涉及区域较广的多边自由贸易协定。

由于美国在亚太地区力推TPP，并且完成了谈判，这给RCEP谈判带来了较大的压力。首先，东盟内部的新加坡、印度尼西亚、越南和文莱都是TPP的创始成员国，这些国家对美国、日本、澳大利亚和新西兰等其他TPP成员的贸易成本更低，必然会对东盟内的其他非TPP成员造成冲击，这种情况下如果不能较快达成RCEP，那么东盟内部成员国之间可能出现分裂；其次，由于参与RCEP谈判的国家发展差别比较大，要满足不同国家的需求，就必须在谈判的标准上有所让步，但是如果让步过大，会使得RCEP失去吸引力；最后，RCEP作为一个没有美国参与的西太平洋地区的多边大型 FTA，可能会威胁到美国在西太平洋地区的利益，因此，在 RCEP 谈判中不得不考虑美国因素。

在 RCEP 谈判中，中国一直是一个积极的参与者，并试图能够为 RCEP 谈判提供基本的秩序。RCEP 的建成对中国来说可以有如下几个方面的收益：第一，东盟、日本、韩国、澳大利亚等是中国重要的贸易伙伴，通过构建 RCEP，中国可以从中获得贸易创造效应，扩大和东盟、日本、韩国、澳大利亚等国的贸易；第二，RCEP 尽管是由东盟主导的，但是中国在其中也具有较大的话语权，可以借助于 RCEP 表达出中国对当前国际贸易规则的诉求，缓冲 TPP 对中国的冲击，并能够对接中国的“一带一路”发展战略；第三，中国和澳大利亚、韩国、东盟已经组建了自贸区，但是借助于 RCEP，不仅可以加快中日韩三国自贸区、中印自贸区的建设，而且可以提高当前已经签订的自贸区的合作水平；第四，通过 RCEP 的合作，能够有效地改善中国周边的地缘政治环境。整体来说，RCEP 的顺利建成，有助于中国争取新一轮国际经贸规则重构的主动权，提升在全球价值链中的地位，也有助于中国赢得更为宽松的对外经贸合作环境与和谐稳定的周边环境。

长期以来，印度对亚太地区的合作并没有太多深入的参与，印度既不是 APEC 成员，也不是 TPP 的成员。APEC 下的经济合作还停留在概念的状态，离付诸实施还有一段距离，所以印度暂时也不急于考虑，同时，印度认为 TPP 所提的标准过高，对于处于工业化初期的印度并不适合。RCEP 相对于 TPP 来说，考虑到不同发展水平的国家的需要，进入门槛比较低，对印度比较适合，印度也因此对参加 RCEP 谈判持有积极的态度。RCEP 是印度连接东亚经济体，打开日本、澳大利亚等国的良好契机，并可以显著地提高印度与中国、日本等东亚国家的贸易额，印度的信息技术、电信、商业流程外包、知识流程外包、银行业等服务部门将从中获益，可以说，通过加入 RCEP，为印度打通了通往西太平洋的贸易通道。不过，在具体的 RCEP 谈判中，印度根深蒂固的贸易保护主义和对中国的政治信任缺乏，困扰着印度参与 RCEP 谈判的进程。RCEP 要求成员国降低关税壁垒和非关税壁垒，印度在此问题上并不愿做出更多让步，譬如，2014 年 8 月在缅甸举行的部长级会议上，RCEP 中的 16 个参加国希望就显示进口关税取消比例的自由化率达成协议，自由化率能够实现 80%—90%，仅有印度的主管部长没有参会，也仅同意 40% 的自由化率，这在一定程度上影响了 RCEP 的谈判进程，以至于一些国家希望先不带印度进行谈判。此外，印度还担心中国将区域一体化作为制约其他国家的手段，如果大幅度降低贸易壁垒，印度经济可能会加大对中国的依赖，而中印之间存在着边界问题、中巴问题等，这些会使印度在 RCEP 谈判中倾向于采取更加保守的态度。

四　中印双边自由贸易协定

早在 2006 年，中印之间建立自由贸易协定（FTA）的概念便被提了出来。2010 年，温家宝总理访问印度前夕，时任中国驻印度大使张炎提出研究启动中印自贸区协定程序的可能性，但是截至今天，中印 FTA 谈判仍进展缓慢。中印两国分别作为东亚和南亚的大国，也都是历史悠久的文明古国，两国在历史上有着漫长的经济文化交流历史。当前，中印两国经贸发展迅速，交流频繁，亟须新的合作机制来提高双方的经贸合作水平。

中印建立 FTA 可以给双方带来较大的经济收益。首先，通过建立中印 FTA，降低两国贸易的成本，提高贸易的便利化程度，能够进一步扩大两国的贸易规模，充分发挥两国市场潜力巨大的优势和产业互补的优势，正如印度尼赫鲁大学国际学教授乌顿（UTTAM）所言："印度将通过与中国的相互牵制和平衡，掌握国际秩序，同时也会凭借服务业的优势，要与制造业强大的中国实行'双赢'。"其次，建立中印 FTA 有助于双方经济发展战略的实施，当前中国的主要经济发展战略是对内实现转型升级，对外推行"一带一路"建设，印度是"一带一路"沿线的主要国家之一，通过建立中印 FTA，可以协助中国完成产能转移和产业转型升级，发挥中国在基础设施建设领域的优势，而印度在莫迪政府上台后，力推更加开放的新经济政策，鼓励吸引外来投资，强化基础设施，中国的经济发展战略恰好与印度的发展战略形成互补与共融。最后，印度是近些年对华发起"反倾销、反补贴"最多的国家之一，通过建立 FTA，可以有效地减少贸易摩擦，便于两国开展长期稳定的经贸活动。

中印建立 FTA 可以增强相互的政治互信和南亚地区的稳定。中国和印度在重要的国际问题上的看法基本上是一致的，都主张建立多极化的世界格局，维护世界和平，反对不公平的国际经济秩序。不过，双方由于 1962 年的边界战争和其他一些复杂的问题，相互在政治和经济合作中仍然不能够充分互信。通过建立 FTA，强化双方的经贸往来，增强交流和了解，可以改善和发展中印关系。中印两国都强调和平崛起，但是在和平崛起的道路上并不会一帆风顺，中印两国作为发展中的大国，要通过战略上的合作和支持，增强维持自身利益的能力，通过建立FTA，充分挖掘双方市场的潜力，减少对欧美发达国家市场的过度依赖，可以大幅度地缓解发达国家对中印和平崛起的压力。此外，由于受到欧美发达国家殖民历史遗留问题和美苏争霸的后遗症的影响，南亚地区长期处于动荡之中，成为世界上不稳定的区域之一，其中印度和巴基斯坦作为相互对立的有核国家，严重威胁着南亚地区的和平和稳定，通过建立中印FTA，强化中印政治互信，利用中国和巴基斯坦的友好关系，有助于印巴和解。

尽管中印FTA对中印双方都有着很大的吸引力，但是目前建立中印FTA的条件似乎并不成熟。首先，印度认为中国是已经形成了巨大规模经济效应的世界工厂，同类产品的价格要比印度的产品便宜，如果建立中印FTA，印度担心中国商品会席卷印度市场，给失去关税保护的印度工业带来冲击；其次，印度认为中国并非市场经济国家，政府对出口实施补贴，且容易人为地低估人民币币值，这些行为会给印度企业带来不公平的竞争；最后，涉及中印两国的进出口产品的结构，印度认为中国出口印度的为工业制成品，而印度出口到中国的商品中有60%属于原材料，如果中印建立FTA，贸易壁垒的减少，印度有可能成为中国工业制成品的市场，并沦为原材料的供应方，从而阻碍印度工业的崛起。

五　亚太自贸区（FTAAP）

在2006年，美国著名智库国际经济研究所所长C. 弗雷德·伯格斯腾（C. Fred Bergstern）在英国《金融时报》上撰文提出，亚太经合组织应该大力推行亚太自贸区（FTAAP），以作为全球贸易振兴的 B 计划，在该计划中，中美都被包括进来，并成为“天然的领导者”。2010 年的日本横滨 APEC 部长级会议上亚太自贸区（FTAAP）被提出，当时与会的部长们表示将在各国 43 项双边及小型自由贸易协定的基础上，在亚太地区建立自由贸易区，在《横滨宣言》中这样写道：“我们已经达成一致，现在是时候把亚太自由贸易区从理想转化为更加现实的愿景”，“我们要求亚太经合组织采取具体措施，实现亚太自由贸易区。这是进一步推动亚太地区经济一体化进程的主要载体”。2014 年 11 月北京 APEC 会议上，决定启动亚太自由贸易区进程，批准亚太经合组织推动实现亚太自由贸易区路线图。FTAAP 涉及亚太地区 21 个成员，占世界 40% 的人口和 53% 的产出，对亚太地区未来的发展产生难以估量的影响。

在当前的亚太地区，已经形成了包括 FTAAP、TPP、RCEP 在内的三大自由贸易合作机制。TPP 是由美国 2008 年的小布什政府提出，在原先的由新西兰、新加坡、智利、文莱等四国达成的 P4 协议的基础上发展而来，后来又加入了加拿大、澳大利亚、日本、印度尼西亚、越南等国家，并于 2015 年底达成了基本协议。TPP 在谈判的初期，奥巴马提出要建立一个高标准的面向 21 世纪的自由贸易区，但是在实际的谈判中，由于各国的利益诉求和发展水平不一样，在最后达成的协议中有所妥协，但是整体来说，仍然是一个高水平的国际自由贸易协定。RCEP 是由东盟国家发起，并邀请中国、日本、韩国、澳大利亚、新西兰和印度等形成的一个自由贸易区，至今仍然没有完成最后的谈判。针对亚太地区的 FTAAP、TPP 和 RCEP 等三大自由贸易合作机制共存的局面，如何处理好这三大机制的关系变成了 FTAAP 能否成功达成的关键所在。在 2014 年 APEC 贸易部长会议上，中国提出在 APEC 框架下促进 TPP、RCEP 等自贸区的互动，建立自贸区信息交流机制，加强自贸区谈判能力建设。在这里需要关注的是，在未来 FTAAP 谈判参与国中，可能存在着一些国家既是 TPP 成员国，也是 RCEP 成员国，它们是否还有强烈的动机参与 FTAAP 的谈判，除非 FTAAP 扩大参与谈判成员国数量，或者 FTAAP 自贸区的标准能够比 TPP 或者 RCEP 带给本国更多的收益。

未来 FTAAP 能否继续推进下去，在很大程度上取决于美国的态度。可能会导致三种情况：第一，如果美国认为亚太自由贸易区是一个全面的自由贸易协定，并在“10 + 3”、“10 + 6”、TPP 等现有的区域贸易安排基础上发展建立，对现有的机制进行整合，即建立一个兼容 RCEP 和 TPP 的全新贸易协定，美国可能会乐于推动 FTAAP 谈判的进行；第二，美国主推的 TPP 如果在实施的过程中具有较好的效果，并符合美国的亚太战略需要，美国可能会放弃 FTAAP，而将主要的精力集中于在亚太地区扩大 TPP，以 TPP 取代 FTAAP；第三，如果 RCEP 在发展过程中没有达到预期，且 RCEP 中部分国家达不到加入 TPP 的标准或者不愿意加入 TPP，美国有可能会支持建立一个标准稍低于 TPP 的 FTAAP。此外，虽然中国也是亚太地区经济活动的重要参与者，但是中国缺乏制定国际贸易规则的经验和主导国际贸易规则的绝对实力，如果能够在 FTAAP 中获得一定的话语权，并且反映出中国对新一代国际贸易规则的诉求，对中国来说便获得了很大的突破。

由于印度并非 APEC 国家，所以和 FTAAP 并没有直接的联系，但是在全球化的今天，尤其印度在地理位置上靠近东亚，如果 FTAAP 协议达成，印度难以规避 FTAAP 对其的影响。首先，在未来的 FTAAP 中，由于成员国之间的发展水平差异较大，有一些成员国的发展水平和印度相当，印度作为非 FTAAP 成员国，这些和印度发展水平相当的国家不仅会取代一部分印度商品在亚太市场上的地位，而且会影响亚太国家对印度的投资；其次，迫使印度放弃长期坚守的保守主义，可以预见未来的 FTAAP 在谈判标准上不会低于当前 RCEP，印度要融入亚太经济圈中，必须实现更加开放的政策；最后，FTAAP 在经贸上的合作，必然会反馈到政治层面上，亚太通过 FTAAP 的合作，政治和经济影响必然会进一步增强，从而会使得原本经济就比较落后的南亚地区在国际政治中的话语权减弱，也就是说 FTAAP 的建成，可能会使得印度在国际政治中的地位下降。

通过上述对中印之间可能的经贸合作机制的讨论，可以有如下几点发现：第一，印度可以通过多个经贸合作机制与中国进行合作，在这些合作机制中，最有可能实现的是 RCEP；第二，印度依然在“内向型”发展战略和“外向型”发展战略中摇摆，一方面印度从中国、韩国等国的发展经验中，发现实现“外向型”战略有助于经济的腾飞，但是与此同时，由于印度缺乏一个权威政府，在各种利益集团的左右下，总是摆脱不了保守主义，这使得印度在自由贸易协定谈判的过程中往往临阵逃脱；第三，印度的大国意识困扰印度采取更加开放的姿态，印度一直将南亚次大陆和印度洋视为自己的核心利益，过度地担心其他大国染指，但是一个更加开放繁荣的南亚大陆和印度洋更加符合印度的国家利益，积极对接太平洋世界，实现印度洋和太平洋的“两洋”战略将助推印度的发展；第四，中印政治互信仍然任重道远，这种互信的缺乏将中印从地理上的近邻隔离开来，不利于双方在经贸上更加深入的合作。

第二章　印度经济与金融状况

刘东民　杨　茜[①]

作为世界第二人口大国，印度的经济改革经历了几十年的摸索与调整，目前进入了较为良好的发展期。2015 年印度的经济增长速度首次超过中国，并很有可能在未来数年维持这一高增长态势。与两国的经济体量相比，中印两国的经济交往与合作仍然处于初级阶段，未来的发展空间较大。

第一节　印度经济的发展历程

自 1947 年印度摆脱英国殖民统治获得独立以来，印度经济大致经历了三个阶段：即 1947 年到 1980 年建立的公私混合经济体系阶段，1981 年到 1990 年经济调整阶段以及 1991 年至今建立市场经济模式阶段。

一　公私混合经济体系阶段

刚脱离英国统治的印度，是全球最贫穷的发展中国家之一，

---

① 刘东民，中国社会科学院世界经济与政治研究所副研究员；杨茜，中国社会科学院世界经济与政治研究所助理研究员。

为了改变贫穷的落后面貌，确立自己的经济体制和发展道路迫在眉睫。一方面，总理尼赫鲁对西方国家周期性的经济危机心有余悸，认为印度不能照搬以美国为代表的资本主义的模式，而对苏联在 19 世纪 20 年代所取得的巨大经济成就印象深刻，因而尼赫鲁政府把建立“社会主义类型的社会”作为国家发展的目标。另一方面，尼赫鲁认为实现社会公正同样需要资本主义的民主价值。因此，印度选择了一条介于社会主义和资本主义之间的“民主社会主义”制度。总体来说，印度的计划模式没有完全掌控经济的所有部门，给私有经济留出了一些发展机会，只是对私有企业及外资企业限制较多。不过，尽管相对东欧和苏联等计划经济国家，印度的政府干预和管制比较宽松，但仍然大大抑制了印度经济的运转效率，造成印度经济长期缓慢发展的局面。

1. 经济政策特征

第一，以公营经济为主导，公私经济并存。印度独立之后，采取了一种介于纯粹计划经济与纯粹市场经济之间的混合经济体制。与大多数国家不同的是，政府通过立法，以法律的形式确定允许这两部门同时并存的发展模式。尽管印度的混合经济体制允许私营经济与公营经济并存，但是政府在政策上却更倾向于公营经济。

第二，以政府干预为主，政府干预与市场调节并存。与混合经济体制相适应，政府对经济的干预与市场自身调节也同时存在。但是从各种政策来看，印度独特的混合经济体制与自由市场经济体系相距较远，实质上是一种依赖于为各行业制定发展方案的“半管制经济”。政府不仅间接干预经济发展，而且通过一系列的法律法规直接干预经济活动，使经济按照政府制定的目标运行。1948 年的《工业决议》和 1951 年的《工业发展与管制法》体现出印度半管制混合经济体制的实质。此外，政府对公营部门实行全面干预，包括公营部门的生产经营指标，领导任命、雇员人数，公营部门的价格等都由政府确定。

第三，以进口替代策略力争实现第二产业的发展。为了推动本国第二产业的快速成长，有效抵制进口低成本商品的竞争，在“二五”计划期间，尼赫鲁政府通过强力的政府干预优先发展重工业，同时推行进口替代政策，以求在自力更生的基础上尽早实现工业化。

第四，鼓励发展小型产业，扶持底层人民。1950 年，印度国民生产总值为 2222 亿美元，人均国民生产总值为 619 美元（按 1990 年国际美元计算）。1956 年，印度登记在册的失业人数就有 167 万。尼赫鲁政府在五年计划中要求增加生产，扩大就业机会，提高人民生活水平。政府通过限制大型企业的发展，为小型企业提供包括农业补贴和公共分配系统在内的各项补贴制度以及原材料价格、税收方面的优惠。除了在政策上给予小工业扶持外，用于家庭工业、乡村工业和小企业发展的开支也不断增加，从“一五”期间的 4.2 亿卢比到“五五”期间的 51 亿卢比，“七五”计划甚至达到 275.2 亿卢比。小型工业因此得以迅速发展。

2. 对经济发展的影响

印度在独立之初实行的以政府干预为主导的公私混营经济模式虽然在短期内展现出某种程度的适用性，对印度经济增长产生了促进作用，但是过度的政府干预和管制严重扭曲了市场，形成了资源错配，降低了经济效率。印度经济的竞争力低下、技术落后和贫富差距过大等问题日益凸显。原有的经济政策已经成为印度经济发展的障碍。到了 1980 年，印度经济呈现出以下严重的问题：

第一，经济增长缓慢，效益低下。印度从 1951 年开始实行赶超战略，制订五年计划。到 20 世纪 70 年代末印度经济已经得到长足的发展，但经济基础薄弱使得独立后的前 30 年，经济始终处于低速增长状态，年均增长率只有 3.5% 左右。由于经济增长缓慢，贫困和失业问题长期得不到解决，人民的生活水平普遍低下，直到 80 年代末，还有近 40% 的人口生活在贫困线之下。在国民经济中处于垄断地位的公营企业缺乏自主权，经营过程中的产量和价格问题都需要由政府制定，政府对企业进行严格管制，造成企业效益低下，大部分企业亏损严重。

第二，经济过于封闭化。政府管制和进口替代政策导致印度形成了封闭的内向型经济。印度与周围国家和地区的差距越来越大。得益于出口导向战略的亚洲“四小龙”在 1970—1980 年的 10 年里，国内生产总值年均增长率高达 9.3%。与印度起点相近的中国在改革开放后，年均经济增长率也达到了 9%。相比之下，为保护本国企业，采取高关税、进口许可证等政策限制进出口的印度几乎成为一个经济封闭的国家，面临长期巨额的贸易逆差和外汇短缺。1980 年印度的人均国民收入仅 240 美元，其在世界贸易中的比重也不断下降，从 1951 年的 2.1% 降至 1980 年的 0.4%。

亚洲“四小龙”经济的腾飞和中国改革开放获得的成就，使得印度政府意识到改革的必要性。

二 经济调整和初步改革阶段

到20世纪70年代，混合经济体制开始暴露出其局限和弊端。在达到低水平的自给自足之后，印度经济变得停滞不前，甚至还引发了通货膨胀、贫困和失业加剧等问题。80年代初期，甘地政府开始对宏观经济进行调控，采取了一系列新的政策措施。这些措施主要包括对公营企业进行改革，减少政府干预，增加企业的经济自主权；放松对私营部门的限制，在计划投资中提高私营部门的比重，扩大私营企业的生产能力；通过减免关税，扩大进出口，放开对外国资本的限制以及对病态企业进行相应调整，等等。虽然甘地政府的改革在一定程度上促进了经济增长，但它仍继承了尼赫鲁政府制定的经济发展框架，坚持社会主义的意识形态，坚持公营企业在国民经济中的主导地位，强调计划经济在国民经济管理中的重要性，从而导致国际收支入不敷出，贸易逆差持续扩大；失业人数不断攀升，两极分化日趋严重等问题。总的来看，80年代印度的改革步伐较小，基本上没有改变原来的发展模式。

三 90年代至现在的改革

1. 拉奥改革

甘地政府的经济调整对经济增长起到了一定的促进作用，80年代国内生产总值年均增长率从3.5%上升到5.5%。但是这一时期的经济增长是以财政赤字和国际收支恶化为代价的。根据经合组织的统计，印度外债总额由1980年的206亿美元上升到1989年的697亿美元，增加了238.3%。印度的国际收支长期处于逆差状态，1980—1990 年十年间贸易逆差累计达到 582 亿美元。1990 年底印度对外贸易逆差达到 94.38 亿美元。长期贸易逆差导致外债负担加重以及外汇储备不断下降，1990 年印度的外债总额占国内生产总值的比重已经达到 23%。1991 年，印度爆发严重的收支危机，外汇储备剧降至 12 亿美元，已经不能支撑两个星期的进口。政府拿出 67 吨黄金抵押给银行，以获取国际基金组织 23 亿美元紧急贷款。此时上台的拉奥政府开始进行一场自上而下、由内而外的经济改革。

（1）改革内容

拉奥政府在反思过去的经济运行模式基础上，提出了涉及经济体制、外贸外资、财政金融等领域的结构性改革方案，充分发挥市场机制的调节作用，向市场调节为主导的宏观管理机制转变，以实现经济的全面发展。

经济体制上，向以私营企业为主体的混合经济方向转变，包括放宽对私营企业的限制和对公营部门的调整。政府鼓励私营经济的发展，基本上取消了工业许可证，基本取消对私营企业经营领域的限制，允许私营企业参与过去为公营企业保留的领域的投资，大幅度缩减为公营部门保留的经济领域，让公私部门在市场中平等竞争；逐渐减少对公营企业的投资，取消反垄断法对私营企业投资的限制，制订私营部门投资超过公营部门的“八五”计划；政府建立工业与金融复兴委员会对严重亏损的公营企业进行整顿，关闭病态公司或者出售股份给私营企业，将公营企业私有化。

外贸和外资方面，改革前，印度把自力更生作为经济发展的目标，实行进口替代战略的内向型经济，通过高关税和进口许可证等措施限制外国资本的进出。拉奥政府意识到经济全球化的重要性，采取一系列措施促进出口，鼓励进口：基本废除了出口许可证，实行新的出口补贴政策；逐渐取消工业原材料、零部件、资本品和中间产品的进口许可证；大幅度削减关税，平均进口关税从 1991 年的 150% 逐步降低，1992 年 2 月为 110%，1993 年 2 月为 85%，1994 年 2 月为 65%，1995 年 2 月为 50%，1996 年 2 月为 30%；同时放宽对外国资本的控制，在 1991 年政府颁布的工业政策中，将外国资本的最高持股比例上升到了 51%，并扩大外资的投资领域，允许外国在特定行业直接投资。1991 年印度政府公布的新产业政策取消了投资审批制度，规定除涉及国家安全和民生的 14 个行业外，外商对其他所有行业的投资都无须得到政府的审批。政府通过以上措施扩大进出口，促进经济发展。

财政金融方面，拉奥政府为适应市场化的需要，大幅减少政府的干预范围。改革的主要措施包括逐步放松外汇管制；对银行体制进行改革，开放银行业；逐渐取消信贷分配体制，对小型企业优先提供贷款；发布一系列法规条例，逐步完善证券市场管理体系；开放资本市场，允许私人资本和外国资本进入本国金融业，鼓励本国企业向外融资；吸取改革前财政巨额赤字的经验教训，精简政府机构，削减赤字，加强税收等。

（2）改革成果

总体上来说，拉奥政府的经济改革是一次极为成功的改革，它从根本上突破了由尼赫鲁政府确立的“社会主义经济”发展模式，使印度经济向自由化、市场化、全球化的方向前进，取得了一系列重大成就。

第一，经济增长速度加快。印度在独立之后的三十年，经历了较长时间的低速增长阶段，年均增长率约为3.5%，被经济学家称为“印度教徒增长率”。在1991—1992年印度陷入经济危机时，经济增长率更是下滑至1%的水平。拉奥改革使印度经济下滑趋势在短时间内得到抑制，在改革后的第二年经济增长率就上升到5.1%的水平，1996—1997年度更是达到8.2%。印度经济进入稳步发展阶段。

第二，国际收支状况好转。改革以来，印度进出口取得较大增长，出口总额不断攀升，再加上外国资本的不断涌入，印度的国际收支状况得到极大改善。印度债务占GDP的比例从1991年的41%下降到1998年的23.7%。改革前印度外贸市场存在着严重的贸易逆差，1990—1991年达到了95亿美元，改革后外贸逆差大大缩小，1993—1994年已经下降到12亿美元。印度的外汇储备也大幅增加，在1995年达到170亿美元，与1991年外汇危机时的10亿美元形成鲜明对比。

2. 瓦杰帕伊改革

在拉奥政府改革之后，1996年组成的高达联合政府延续拉奥政府进行的经济改革。印度在改革之路上稳步前进。1998年3月印度第12次大选之后组建了以瓦杰帕伊为总理的联合政府，在上届政府改革的基础上进行了“第二代改革”。

（1）改革内容

第一，大力推进农业改革。此前的拉奥政府以及高达政府的经济改革几乎没有触及农业部门，瓦杰帕伊上台后，将农业改革放在以增长为目标的预算战略的首位。它将重点放在农业可持续发展上，规划了未来20年农业发展的方向和10年内粮食产量翻番的目标。政府鼓励对农业投资，将现代农业与私营部门相结合，推动私营部门以合同形式管理现代农业的模式，加速现代农业技术的转让，为农产品自由贸易提供安全可靠的农产品市场并建立农产品期货市场。同时，政府还推出了包括兴建农业基础设施、扩大农业部门信贷规模、加强农村信贷体制建设和完善对粮食等农产品的管理在内的多项改革措施。

第二，确立了软件信息业的产业支柱地位。90年代出口导向型战略的实施打开了印度在软件服务、信息技术行业的大门。印度在这一领域的出口额由90年代初的1亿美元增加到2001年的60亿美元，展现了强劲的增长势头和巨大的发展空间。为把印度建设成为世界信息技术超级大国，瓦杰帕伊政府在全国范围内普及信息技术方面的教育，提出创新知识的重要性，加强政府、企业与学术界的联系；免除信息技术行业的出口所得税；在法律上为方便产业发展，修改了对信息产业发展不利的法律法规并推行信息技术法案等。

第三，深化财政金融体制改革。财政上增加税种，扩大征税范围，将银行金融特殊服务、科技咨询等新兴服务部门纳入征税范围，使得纳税人数在2000年初增加了一倍多；调整税收结构，施行16%的单一税率；扩大各邦政府的财政权力，增加对各邦政府的转移支付；为了减少政府财政支出，政府开始削减公职人员。在金融领域，一是要求公营银行提高自有资本占比，提高公营银行抵抗风险能力，同时设立偿债务法庭、债务清偿上诉法庭和资产重组公司等，帮助公营银行处理债务和不良资产问题。二是逐渐降低储备银行法定流动性比率和现金储备率，增加各商业银行的放款能力。三是允许私营部门进入保险业，为其提供更多的金融服务。此外政府还加大了对损害股东利益的投机商的惩处力度等。

第四，继续深化公营企业改革。公营企业改革是印度经济改革的核心重点。瓦杰帕伊政府在前几届政府的基础上，进一步深化对公营企业的改革。政府加大公营企业私有化进程，通过销售股份给私营企业，转让所有权；加大对一些非战略性公营企业的撤资力度，把 1999—2000 年度的撤资总额较上一年提高了一倍，对可以恢复的公营经济实行重组，从法律上加快对病态企业的改革进程。在给予公营企业压力的同时，向私营经济及外资企业开放更多领域，原来保留给公营部门的工业种类由 17 种逐步减少至 3 种，其余的均向私营部门和外资开放。与此同时，许多促进企业发展的优惠政策也面向私营企业，并非由公营企业独享，使公营经济与私营经济、外资企业在市场中公平竞争。

（2）改革成果

第一，经济重新恢复增长，对外贸易大幅度增长，外汇储备不断增加。1998 年 5 月，印度先后进行多次核试验。世界各国开始对印度进行包括经济、金融、军事等方面全方位制裁，加上亚洲金融危机的影响，印度的经济增长率从 1996—1997 年的 8.1% 迅速跌落到 1997—1998 年的 4.8%。得益于瓦杰帕伊政府一系列的经济改革，印度经济增长率重新恢复至 6% 的水平。对外贸易也大幅度增长，1999—2000 年印度对外贸易总额较上年增长超过 15%。其中出口贸易增长迅速，2001 年 1—2 月的出口额较去年同期增长甚至达到26.4%。由于出口总额不断增加，印度的外汇储备继续保持上升趋势，且增幅不断扩大，在2003年曾经达到755亿美元。

第二，失业人数不断上涨，两极分化加剧。失业和贫困是印度长期以来难以解决阻碍经济发展的两大难题。根据印度政府的统计，在印度就业登记所寻找工作而又没有找到工作的人数已经从1991年底的3629.97万，增加到1996年底的3743万，到2000年底，处于这种状况的人数更达到4164万。2001年印度总人数约为10.25亿，其中劳动力总人口为34336万人，失业人口为3485万，失业率高达9.21%。瓦杰帕伊政府的改革使人民的收入水平普遍提高，但是直到2000年，仍有高达26.1%的人口生活在贫困线以下。印度拥有世界近四分之一的贫困人口，而瓦杰帕伊政府的经济改革中，改革的重点是高新技术产业，这一产业的得益人群主要是高收入阶层和中产阶层。政府的发展战略也一直在向富人倾斜，广大下层人民的就业和经济状况并没有得到改善，社会贫富差距越拉越大。

3. 辛格改革

瓦杰帕伊政府的经济改革虽然推动了印度的高速发展，但在其6年任期内，印度的低收入人群并没有得到实质性的优惠，反而社会贫富差距越拉越大，社会矛盾加剧。2004年大选，瓦杰帕伊政府在经济高速增长中倒台，曾经在拉奥政府担任印度财政部部长，有“印度经济改革之父”之称的曼莫汉·辛格上台。辛格吸取前任政府在选举中失败的经验教训，除了将重点继续放在经济改革上外，还将目光转向印度广大底层人民，推行更多注重社会公平、缓解社会矛盾的政策。

（1）改革内容

辛格上台后，在当年5月即发表政策规划大纲——《最低共同纲领》。纲领规定了六项执政原则：保持和促进社会和谐，加强法制；在10年或更长时期内，保证国民生产总值在可持续基础上年增7%—8%，扩大就业队伍，使每个家庭有稳定生活来源；提高农民、农工和工人福利；在政治、教育和经济等方面保证妇女权利；对各种姓和印度少数宗教教徒提供平等的受教育权利和工作机会；激发企业家、私人工商业者、科学家、工程师和其他专业人员等社会生产力的创造活力。辛格政府以《最低共同纲领》为基础，继续坚持对公营经济的改革：鼓励公营企业合并；放松对私营经济和外国投资的限制，建立经济特区和新出口加工区，加大对私营部门的投资力度，"九五"期间，私营部门的投资占印度总投资额的62.7%；继续扩大对外贸易，与中国、美国、俄罗斯以及众多周边国家签署贸易协定，开展全面经济合作；政府通过放松对外汇的管制等方式鼓励本国企业"走出去"，加速推进财政金融体制改革；在考虑政府财政赤字的基础上，加大对贫困地区经济建设、教育的投入力度。

（2）改革成果

第一，印度经济进入高速增长阶段。根据世界银行的统计，从2003年开始，印度经济增长率连续5年保持在8%左右，其中2005年、2006年更是达到9.3%，印度成为仅次于中国增长最快的经济体，私营部门成为拉动经济增长的主力军。

第二，经济全球化速度加快。辛格政府采取一系列推动进出口的措施，印度的出口额飞速上升，2004—2005 年度达到了30.8%的增长率，2006—2007 年度出口增长率达到 36.3%，出口额已经增加到 1030.9 亿美元。除此之外，在信息技术、石油化工、汽车等领域持续涌现印度的跨国企业，改革促进了印度企业的跨国经营。

第二节 印度的产业结构

历史经验表明，产业结构的转变与经济增长息息相关。从世界各国经济的长期发展趋势看，工业化是实现经济增长、资本累积的最快途径和必经之路。印度自独立之初就确立了工业化的发展道路。从世界各国的发展历程看，在工业化初期，以农业为主的第一产业的生产总值一般占到国内生产总值的近 50%，有时甚至更高。随着工业化进程加快，第一产业增长速度放缓，以工业为主的第二产业和以高科技服务业为主的第三产业增速加快。政府对产业结构的合理性进行评估，经过一段时间的产业结构调整，大多数国家第一产业所占比例不超过 20%，有的甚至更低；第二产业在整个国民经济中所占比重上升，在 50% 以上。第三产业比重也会有一定程度上升。对于大多数发达国家来说，产业升级基本按照“农业—工业—服务业”的模式演进。然而印度的经济增长则呈现出“逆工业化”的特征，形成了第三产业的跳跃式发展。

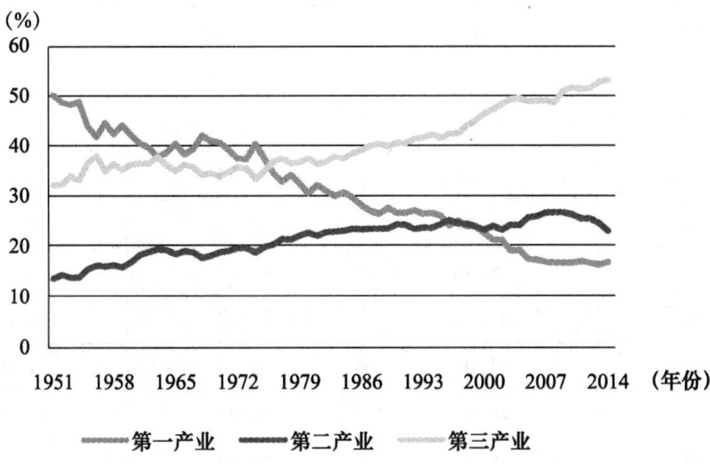

图 2-1 印度三大产业占 GDP 的比重

资料来源：Indian Economic Survey.

表 2-1 印度三大产业占 GDP 的比重 (%)

年份	第一产业	第二产业	第三产业
1951	50.19	13.71	32.21
1952	48.72	14.42	32.30
1953	48.31	13.88	34.00
1954	48.87	13.97	33.14
1955	44.00	15.54	36.63
1956	41.84	16.31	38.03
1957	44.63	16.14	34.92
1958	42.45	16.36	36.48
1959	44.22	15.95	35.23
1960	42.22	16.94	36.28
1961	40.61	18.41	36.49
1962	39.74	18.96	36.49

续表

年份	第一产业	第二产业	第三产业
1963	37.76	19.51	37.79
1964	38.68	19.34	36.22
1965	40.54	18.53	35.05
1966	38.35	19.15	36.30
1967	39.46	18.93	35.81
1968	42.15	17.77	34.23
1969	41.01	18.23	34.59
1970	40.73	18.92	33.94
1971	39.32	19.19	34.89
1972	37.51	19.77	35.73
1973	37.42	19.78	35.56
1974	40.49	18.84	33.46
1975	37.53	19.99	35.01
1976	34.63	20.43	36.86
1977	32.82	21.53	37.51
1978	34.29	21.45	36.49
1979	32.51	22.23	36.77
1980	30.59	22.76	37.60
1981	32.29	22.16	36.42
1982	31.04	22.89	36.80
1983	30.02	23.00	37.92
1984	30.79	23.15	37.46
1985	29.68	23.56	38.54
1986	28.17	23.44	39.27
1987	27.04	23.54	40.06
1988	26.51	23.55	40.50
1989	27.68	23.64	40.03

续表

年份	第一产业	第二产业	第三产业
1990	26.66	24.41	40.64
1991	26.67	24.35	40.60
1992	27.16	23.48	41.55
1993	26.51	23.77	41.72
1994	26.68	23.72	42.39
1995	26.16	24.43	41.67
1996	24.21	25.26	42.46
1997	25.11	24.62	42.54
1998	24.03	24.52	44.06
1999	24.07	24.02	45.03
2000	22.68	23.35	46.53
2001	21.38	24.14	47.34
2002	21.35	23.36	48.42
2003	19.25	24.34	49.43
2004	19.31	24.21	49.57
2005	17.56	25.77	48.95
2006	17.39	26.01	49.05
2007	16.97	26.76	49.05
2008	16.84	26.78	48.63
2009	16.85	26.80	51.10
2010	16.83	26.33	51.70
2011	17.13	25.56	51.42
2012	16.78	25.57	51.59
2013	16.45	24.61	52.85
2014	16.98	23.11	53.20

1. 第一产业

印度是世界上第二人口大国，劳动力资源也比较丰富，其农业人口占总人口的近70%。但农业在印度整个国民经济中一直处于薄弱地位，传统土地关系的束缚和基础投资的不足使印度农业长期处于滞后状态。

印度经济转轨后，农业增长率呈下降趋势，产业结构中第一产业的比重也逐步下降，由1951—1952年度超过50%的份额，下降到1962—1963年度的39.74%，1985—1986年度的29.68%，2003—2004年度的19.25%。农业的滞后发展对于一国社会的稳定是极其不利的，印度政府已经意识到其重要性，加大对农业部门的投资，积极推进农业改革。

2. 第二产业

印度政府一直大力推进本国工业的发展。第二产业在国民生产总值中的比重由独立之初的13.71%，上升到1970—1971年度的18.92%，1976—1977年度的20.43%，1990—1991年度的24.41%，2000—2001年度的23.35%，2006—2007年度更是突破25%，达到26.01%。虽然第二产业在印度经济中所占比重不高，但总体上其在国民经济中的地位逐渐上升。

尽管印度自独立之初就开始制订以工业化战略为主导的“五年计划”，但从图2-1中可以看出，第二产业在印度经济发展过程中自始至终没有占据过主导地位，第二产业在印度的发展仍比较落后。

3. 第三产业

凭借语言优势和金融领域的深化改革，印度在软件开发、外包等领域发展迅猛，第三产业成为印度经济增长的主要动力。

第三产业在印度国民经济中的比重逐步上升，由 1951—1952 年度的 32.21%，上升到 1987—1988 年度的 40.06%，2000—2001 年度的 46.53%，2004—2005 年度的 49.57%。现今，印度第三产业在国民经济中的比重超过 50%，成为印度经济中最为重要的组成部分。印度形成了依靠第三产业特别是服务业拉动经济增长的模式。

第三产业的迅猛发展虽然在一定程度上极大地推动了印度的经济增长，但是印度的第三产业是以金融信息业为主，它对就业者的整体素质要求较高，对于仍存在大量贫困人口的印度来说，无法吸收大量的劳动力，对于印度经济的可持续发展有一定影响。

第三节　印度经济发展现状

一　近十年来印度经济的良好表现

2015 年世界经济形势依旧低迷，国际货币基金组织四次下调全球经济增长预期，全年平均增速仅为 3.1%。受全球经济大环境影响，包括中国在内的世界主要经济体均放缓了增长脚步，唯有印度“一支独秀”，成为年度唯一一个 GDP 增速超“7%”的国家。

从近十年来看，印度作为一个崛起中的大国，综合国力不断增强，GDP 平均增速高达 7.5%，创造了世界经济领域的一大成就。印度的经济增长成就并非在短时期内一蹴而就的，早在全球金融危机爆发前夕，即 2006—2007 年，印度经济就保持 9% 以上的高速增长，只是同期中国更加令全世界惊叹的增长数

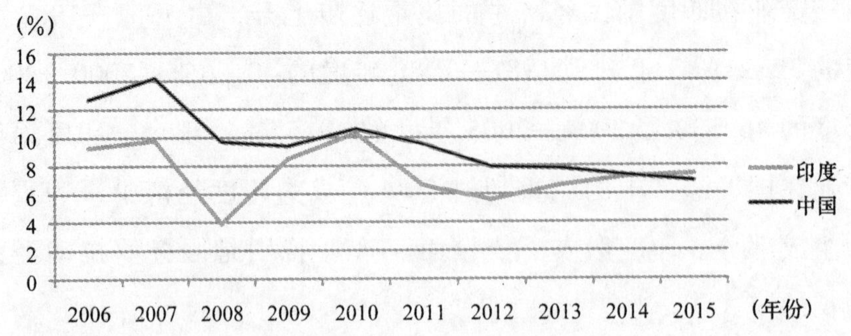

图 2－2 中印 GDP 增速比较

数据来源：wind 资讯。

字吸引了大多数人的关注。虽然在 2008 年全球金融危机中，印度经济未能顶住金融危机爆发的影响，波及实体经济导致社会总需求下降，GDP 增速也随之跌破 4% 大关。但是在金融危机爆发后，印度政府迅速出台应对措施，实行了反周期的货币及财政扩张政策，印度储备银行四次下调存款准备金率，隔夜再贴现利率也下调至 4.75% 的历史最低水平，并通过削减中央营业税、增加计划性支出、优惠出口信贷补贴、出口退税等一揽子刺激消费和出口的财政政策，防止金融危机的进一步蔓延。印度央行和政府的努力收到了良好成效，印度经济迅速走出金融危机的阴霾，2010 年 GDP 增速反弹至 10.3%，一度超越危机前的增速水平。此后，受欧债危机影响，印度 2011—2012 财年经济增速略有下滑，但均保持在 5% 以上，远高于同期世界大部分主要经济体。近三年来，尽管国际经济大环境依旧低迷，尤其是在中国等新兴经济体步入发展“新常态”、经济增速放缓已成定局的情况下，印度经济增速不降反升。根据世界银行统计数据，2013—2015 年印度 GDP 增速实现了连续三年稳步攀升，分别为6.6%、7.2%、7.4%，并在2015年超越中国同期6.9%的增速水平，成为世界增长最快的新兴经济体。尽管有不少学者质疑，印度2015年初调整GDP统计方式，将基准年从2004—2005年切换至2011—2012年，并上调2014财年GDP增长率的做法使经济增速有“掺水”嫌疑，但不能否认的是在新兴经济体当中，印度近年来的表现确实具有亮点。

印度经济的飞速发展离不开其在外商直接投资、外汇储备、经常项目差额等经济指标上的良好表现。首先，印度的高速增长得益于外商直接投资的平稳增长。根据世界银行公布的数据，印度外商直接投资净流入实现了自2012年以来的连续三年增长，截至2015年末已高达442.1亿美元，比2006年提高了一倍。外商直接投资净流入稳步增长的动力来自三方面。一是源于印度自身优势，印度作为世界第二人口大国拥有巨大的消费市场和充足的劳动力，并且劳动力成本较为低廉，是外商投资的主要目的国之一。二是在印度央行近年来的降息政策刺激下，印度资本市场资产价格快速上升，引发了国际资本流入热潮。三是现任总理莫迪上台后，印度政府不断致力于优化外商投资环境，如统一全国税制，提高外国投资比例，允许外资参与印度城郊公私合作模式的铁路走廊建设、高速铁路系统、铁路电气化等项目的实施，极大增加了印度对外资的吸引力。

其次，印度基本稳定的外汇储备也为经济发展提供了良好的金融基础。近十年来，除去2008年受国际金融危机影响，持有外汇储备总额有小幅度下调外，印度外汇储备总额一直保持着小幅提升，至2015年底，外汇储备总额达到3343.1亿美元，为强化印度国家资产负债表、稳定汇率奠定了坚实基础。2013

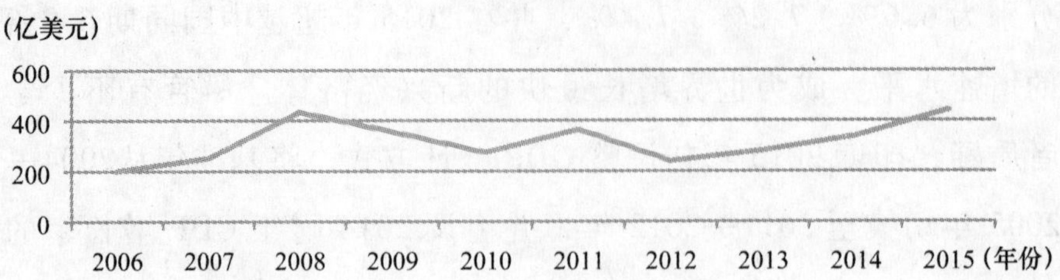

图 2－3　印度外商直接投资净流入

数据来源：wind 资讯。

年拉詹接任央行行长后，提出了一揽子金融改革政策。例如，印度各大银行可以将海外印度人外汇存款以 3.5% 的年利率与央行兑换成卢比。印度央行还将银行海外债券融资的限度提高了一倍，并允许银行以特定利率与央行对冲这些美元。这些举措都有利于增加印度央行的美元储备，提高印度央行调控外汇市场、抵御风险的能力。

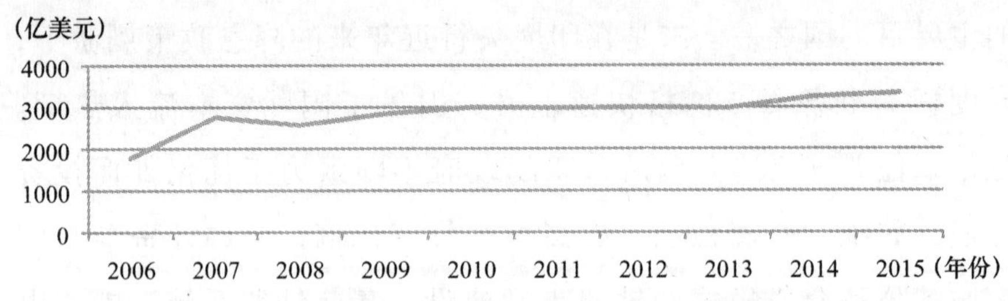

图 2－4　印度外汇储备总额

数据来源：wind 资讯。

最后，虽然印度经常项目总体仍处于逆差状态，但近三年经常项目赤字大幅下降，为经济增长提供了良好的外部环境。经常项目状况主要受国际油价变动影响，根据印度财政部的估算，国际原油价格每下降 10 美元，印度经常项目赤字就可以缩减 94 亿美元。因此，印度作为世界第三大石油进口国，2008 年以来连年飙升的油价是导致印度长期受经常项目赤字困扰的主要原因。尽管从 2011 年下半年开始，国际原油价格在波动中开始回落，但直到 2013 年国际原油的全年平均价格依然高达 97 美元/桶，也使印度经常项目逆差在 2013 年末达到 914.7 亿美元，为十年来最差水平。2014 年下半年国际油价开始加速下跌，2015 年油价跌至全年平均不足 50 美元/桶。原油国际价格的暴跌，不仅使印度的经常项目赤字比重迅速回落，改善了其经常项目收支状况，还缓解了国内通胀压力。截至 2015 年，印度经常项目逆差已回落至接近危机前水准，并有望进一步扭转逆差局面。

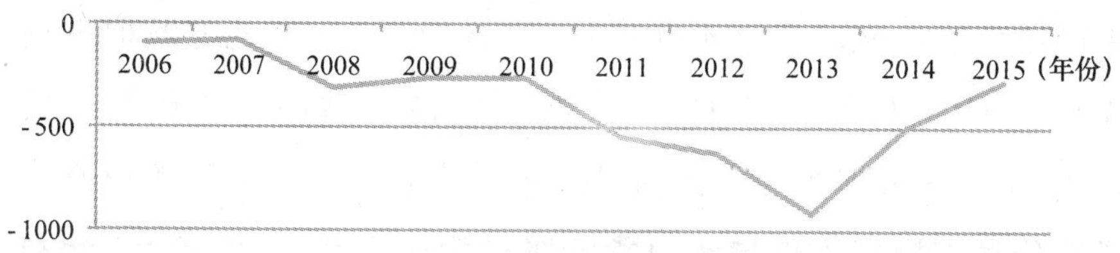

图 2－5　印度经常项目差额

数据来源：wind 资讯。

二　当前印度经济存在的问题

尽管印度经济在近十年来取得了令人刮目相看的良好表现，但是在亮眼的经济数据下仍暗藏很多问题。居高不下的通货膨胀是当前印度面临的最棘手挑战。长期以来，印度经济发展中就存在着通货膨胀问题，进入新世纪以来，受经济高速增长、国际石油价格持续上涨以及食品价格暴涨因素影响，到 2008 年金融危机前夕，印度通货膨胀率已高达 8.35%。而在应对金融危机期间，随着反周期的货币及财政双扩张政策的实施，在扩大商品需求、增强国内货币流动性的同时，也加剧了国内的通货膨胀。2010 年印度通货膨胀率已高达 11.99%，是 1998 年以来的历史最高值。而受金融危机影响，印度经济增长率在 2011 年度出现下滑，与此同时，通货膨胀率也开始有所下降，2011 年、2012 年通货膨胀率分别降到 8.86%、9.31%，但总体上仍然保持在 8% 以上的较高水平。到 2013 年前后，印度面临严重的滞胀局面。国内经济刚刚有所缓和，但通货膨胀率却高达 10.91%。高通胀率是印度应对国际金融危机的后果。金融危机过后，为了防止经济增长进一步下滑，印度政府依旧推行危机期间的经济刺激计划，一方面通过减税刺激居民消费，这在一定程度上减少了政府的财政收入；另一方面却不断扩大政府非生产性支出，财政赤字不断增加，2013 年中央和地方政府财政赤字占 GDP 比重的 7.1%，公共部门债务占国内生产总值的 68.05%，是发展中经济体的最高水平之一。并且政府投资挤占了部分私人投资，也导致通货膨胀压力进一步增大。2013 年拉詹临危受命接任印度央行行长时，印度通货膨胀率已再次突破两位数，达到 10.91%，是国际社会公认的适宜水平的两倍。印度央行的首要目标还是控制通胀水平，同时保证宏观经济的稳定。拉詹上任后收紧了货币政策，果断加息，2014 年起印度通货膨胀率开始连续下降，2015 年 1 月印度通胀率达到危机以来最低的 5.11%，但之后的 4 次降息，通胀率一路上扬，2015 年全年达到 5.87%，但仍控制在印度央行设定的 2%—6% 的通胀目标的区间内。

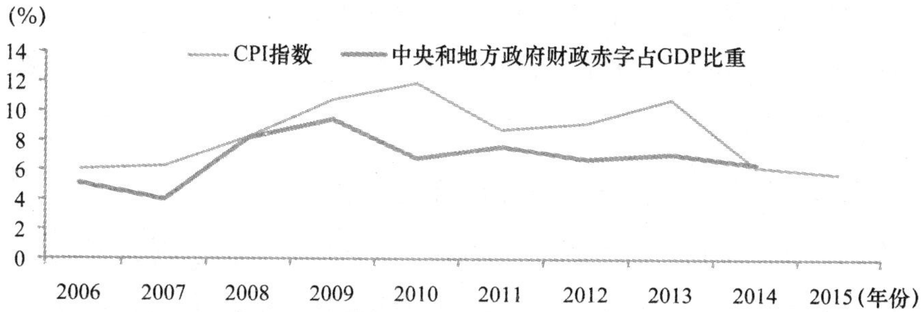

图2－6　印度CPI指数及中央和地方政府财政赤字占GDP比重

数据来源：wind资讯。

三　印度经济的未来发展

总体上看，印度经济的逆势增长得到了外界的肯定，世界银行、国际货币基金组织等国际权威金融机构纷纷对未来印度经济做出乐观预期。世界银行在2016年1月最新一期的《世界经济展望》中预测，2016年、2017年印度国内生产总值将保持7.5%的高速增长，与之相比，中国经济增速2016年将放缓至6.3%，2017年会进一步降低至6%的水平。

第四节　印度的金融改革

印度的金融改革肇始于20世纪90年代初，是在随时可能爆发金融危机的压力之下推动的改革。1991年8月，伊拉克入侵科威特，短短3个月内石油价格从14美元飞涨突破40美元，而印度在海湾地区的侨汇收入大幅减少，这两个因素导致印度政府原本就面临的国际收支失衡陡然加剧，外汇储备只够维持不到两周的进口支付。国际市场形成了印度政府可能出现外债违约的强烈负面预期，印度卢比和金融部门承受巨大压力。在此关键时期，国际货币基金组织实施了较为及时的援助，印度政府迫于内外压力也进行了力度较大的经济和金融改革，总算暂时渡过了难关。

印度金融改革总体上是遵循金融自由化方向，推进汇率有管理的自由浮动，实现利率自由化，放松银行业管制，大力促进资本市场发展，开放金融衍生品市场，在农村地区实施小微金融的试点和创新。但是，印度在资本账户开放方面十分谨慎，到目前为止仍然保有一定程度的资本账户管制。

一 汇率自由化改革

1992 年 3 月，印度政府推出管制汇率和浮动汇率并存的汇率双轨制，1993 年 3 月完成汇率并轨，建立了管理浮动汇率制，即主要由市场供求决定汇率。印度在 1994 年 8 月宣布实现经常项目可兑换，成为国际货币基金组织第八条款国，对经常项目对外支付和转移不予限制。2000 年 6 月，印度启用新的《外汇管理法案》（*Foreign Exchange Managenment Act*），同时废止《1973 年外汇管制法案》（*Foreign Exchange Regulation Act*）。到目前为止，印度实施的汇率制度是属于中间类型的管理浮动制，并不是纯粹的自由浮动制，其特点是：不设定固定目标汇率，总体上允许汇率跟随市场供求进行浮动；在特别情况下央行将干预外汇市场，以防止出现汇率的过度波动；央行仅通过商业银行进行外汇外卖和干预。

印度的汇率体系改革是渐进式的，既坚定地遵守了市场化目标，又没有放弃特殊时期的必要干预。在管理浮动汇率制度下，印度储备银行依然对短期投机性的资本流动进行了一定限制，即没有彻底放开资本账户，同时力争增加外汇储备以应对偿付危机。较为稳健的汇率体系和金融开放模式保证了印度能够有效应对东南亚金融危机等一系列外部冲击，维护了本国的金融稳定，并得到国际货币基金组织的高度评价。

汇率体制改革的根本目标在于建立基于国际金融市场供需状况的均衡汇率水平，从而依靠汇率浮动的机制调节国际收支并防范货币危机。在浮动汇率体制下，外汇市场的规模越大，外汇产品的种类越丰富，参与外汇市场投资者的数量越多，在通常情况下就越能形成合理的汇率水平（有严重外部冲击的情况除外，在这种情况下央行的干预是必要的）。对比中印两国的外汇市场，可以看到，印度外汇市场发展的成熟水平要显著超过中国，其对卢比汇率的调节发挥了根本性、建设性的作用。中国推动汇率改革的时间窗口大体与印度接近，到现在中国的进出口总额是印度的 3 倍多，而外汇市场的交易规模尚不到印度的三分之一。印度外汇市场的建设和发展有很多值得中国学习借鉴之处。

在汇率改革进程中，印度储备银行在关键时期都果断地进行了外汇市场干预，保障了金融稳定。1995 年，受到墨西哥金融危机和美联储升息影响，印度卢比出现贬值趋势，印度储备银行通过商业银行大量投放美元、购买卢比，稳定了汇率，同时大幅降低现金准备率以防止基础货币的收缩，同时严格审核进口支付环节。1998 亚洲金融危机期间，为了管控短期资本的流动，印度储备银行把现金准备率从 10% 提高到 11% 并同时将回购利率从 5% 提高至 8% 。可以看出，在特殊时期，印度储备银行的干预实施得相当果断有力，这不仅维护了金融稳定，还为印度推进金融的市场化改革提供了长期保障。

二　利率自由化改革

印度商业银行的利率自由化改革起步较早，延续时间较长，整个过程从 1989 年延续到 2011 年，按照先放开贷款利率、后放开存款利率的顺序逐步进行。贷款利率的去管制按照如下次序开展：首先，印度储备银行于 1989 年 5 月取消同业拆借、短期票据、票据再贴现等项目的最高利率限制；随后，印度储备银行于 1992 年着手将贷款利率分成 6 类，除去贷款总额高于 20 万卢比的贷款存在最低利率要求外，放开其他几类贷款的利率管制；接着，印度储备银行于 1994 年 10 月 18 日起取消对超过 20 万卢比以上贷款的最低贷款利率限制，由此印度商业银行的贷款利率完全放开。印度存款利率的自由化经历了相当长的时间。首先，印度储备银行于 1992 年之后开始放松存款利率管制，针对银行的活期存款和定期存款分别设置了 5% 和 10% 的最高利率水平限制；其次，于 1995 年 10 月放开了两年以上存款的利率上限，于 1996 年 7 月放开一年以上的存款利率上限，于 1997 年 10 月取消定期存款的利率上限，至此利率市场化改革完成了大部分工作；最后，在利率市场化改革基本停滞多年之后，印度储备银行于 2011 年 10 月取消了活期存款利率限制，又在 2011 年 12 月取消非居民存款利率上限，从而彻底完成了印度商业银行的利率自由化改革。

三　商业银行改革

印度银行业改革大致可以 2008 年金融危机为界分为两个阶

段，通过改革，解决了印度在早期民主社会主义阶段限制外资和私营银行，以及对中小企业支持过度的问题，提高了资产的配置效率，增强了银行业的活力。印度银行体系由印度储备银行、商业银行、合作银行和地区农村银行（RRBs）组成，其中占比最大的是商业银行。

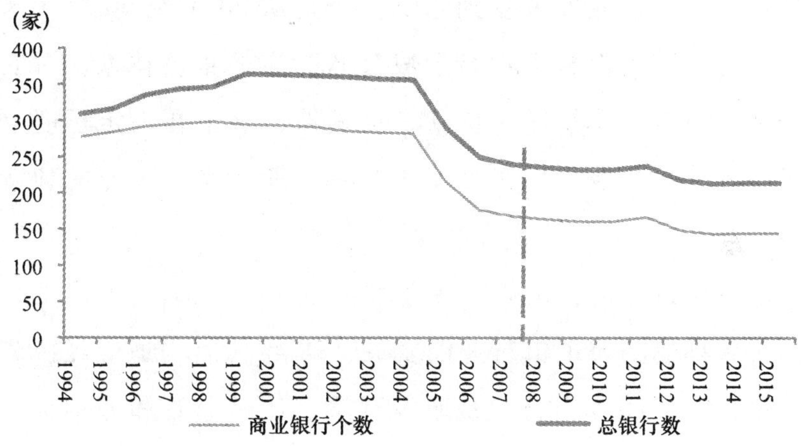

图 2－7 1994—2005 年印度商业银行数量变化

表 2－2 **印度商业银行数量变化** （单位：家）

	印度商业银行数量	银行总数量
2008	166	235
2009	163	232
2010	163	232
2011	169	237
2012	151	218
2013	146	213
2014	147	214
2015	147	214

资料来源：wind.

1. 2008 年金融危机前的银行业改革。

印度立国之初银行业普遍实行连锁董事制（Interlocking of Directorship），在连锁董事制的影响下银行贷款大多流向大城市、大企业，尽管符合初期发展工业的目标，却忽略中小企业的需求，尤其农业发展受到影响。于是从 20 世纪 60 年代末开始，印度政府大量接管银行形成公营为主的银行体系，对农业部门和中小企业实行优先贷款予以扶持，这也在一定程度上导致了印度第二产业发展规模弱于第一产业和第三产业的独特经济格局。

印度银行业的自由化发展进程是在 90 年代真正开启的，前期的金融抑制阻碍了银行业的发展，90 年代后为适应经济体制改革的进程，印度银行业从政策环境、严格监管和夯实银行业基础三管齐下，同时改革。

第一，印度政府从政策上为银行业改革营造了优良的外部环境。通过扩大银行自主经营权、允许建立私营银行，增加外资的直接投资比例和股权份额，开放银行业业务范围等措施，显著提升银行业的活性和效率。具体来说，通过降低现金准备率（Cash Reserve Ratio）和法定流动率（Statutory Liquidity Ratio）、放松利率和存贷款管制、减少对农业和小企业贷款的政策性要求，大幅提升商业银行的流动性和灵活度；允许建立私人银行的政策开放后，从 1991—1992 年度到 1996—1997 年度，印度国内私营银行从 23 家增加到了 34 家，私营银行的分支机构从 3887 家增加到 4535 家；改革将外资机构投资者对印度民营银行的直接投资比例提高到 49%，这一比例在 2005 年进一步增加到 74%，而公营银行当中政府逐渐减持股权，底线设为 33%；银行业可对保险公司投资，达到政策要求（净值、风险资产率、不良率、盈利水平等）的银行还可与保险公司建立合资公司，最大持股比例达到 50%。通过改革，印度银行业基本形成了多层次、全方位的格局，促成公平竞争提高经营效益。截至 2006 年，印度 179 家商业银行中，政府银行为 27 家，占比 15.08%，私营银行 25 家，占比 13.97%，外资银行 46 家，占比 25.7%（其余为农村地区银行）。

第二，政府从银行业的监管上明确相关规范、完善风险管理机制。从 20 世纪 90 年代初期开始，印度储备银行（Reserve Bank of India）开始逐步实施了一系列审慎标准和规则，包括实行统一的会计准则与国际接轨，引入收入认定、资产分类等谨慎会计原则，确定资本充足率、贷款损失拨备、信息披露、投资、风险管理，借鉴美国经验制定 CAMEL 评级标准等。此外，通过成立金融监督管理委员会，颁布《风险管理细则》（1999 年），加强政府对银行业的监管和银行业的透明度。

第三，处置不良资产，政府注资公营银行，夯实银行业基础。受 1997 年亚洲金融危机冲击，印度政府认识到银行业对稳定金融有着举足轻重的作用，进而开展一系列加强银行业基础的改革。首先印度政府加大对银行业不良资产的处置力度，设定了不良资产认定的全国统一标准，建立强化债务回收特别法庭的规则和制度，2002 年强制执行物权担保法案，推进债务重组计划、资产证券化等多种方式，加强了对不良资产的治理；其次，政府对公营银行开展了注资，充实资本，增强公营银行实力。

表 2-3　　印度政府对商业银行注资情况

1993—2001 政府对公营银行注资（亿卢比）									
	1993 年以前	1993—1994	1994—1995	1995—1996	1996—1997	1997—1998	1998—1999	1999—2000	2000—2001
年度注资	400	570	529	85	151	270	40	0	180
累计注资	400	970	1499	1584	1735	2005	2045	2045	2225
年度注资/GDP	N/A	0.73	1.31	1.32	1.38	1.58	1.52	0	N/A

注：N/A 为该年数据无法获得。

数据来源：印度储备银行，转引自欧明刚、石弦《印度银行业改革之路》，《金融博览》2005 年第 6 期。

20 世纪 90 年代开始的印度银行业改革，成效是显著的，早期金融抑制对银行业的不良影响被逐渐消除。政府为了顺利推进此次改革，专门成立了负责研究银行业改革方案的纳拉辛哈委员会（Narasim ham Committee Ⅰ），1997 年亚洲金融危机爆发后又组建了专门针对公营银行改革的瓦马委员会（Verma Committee）。更值得指出的是，经过本轮改革，印度截至 1994 年就建立起相当完备的、符合国际金融准则的会计标准（中国直到 1998 年才开始引进国际会计标准）；印度银行的资产结构早已符合《巴塞尔协议Ⅰ》的标准，到 2006 年底达到《巴塞尔协议Ⅱ》的标准。改革后印度银行业面对激烈的竞争，由原本的依公平原则转为依效率原则发放贷款而不局限于企业的所有制性质，国有民营一视同仁，尤其对私营企业和私人的贷款上升到 65%，相应商业银行的现金存款比率显著下降，带来金融资源配置效率的显著提高，从而有利于推动印度经济的整体发展。

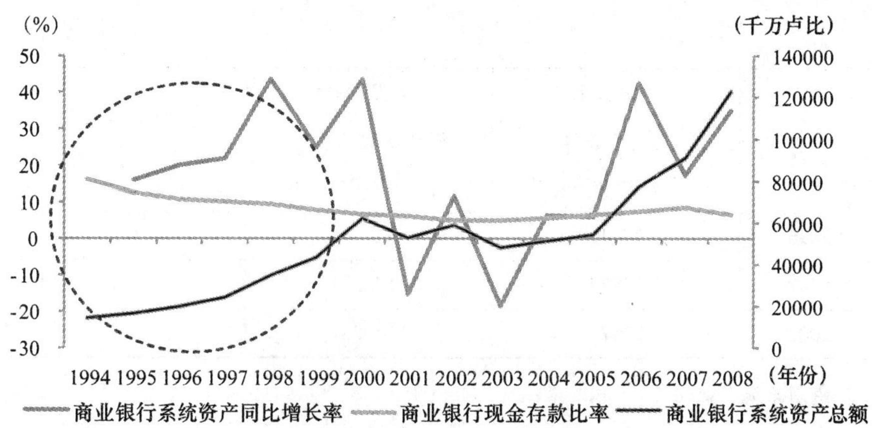

图 2-8　印度商业银行资产与现金存款变化

表 2-4　　印度商业银行资产与现金存款的变化

	商业银行系统的资产总额（千万印度卢比）	商业银行系统资产同比增长率（%）	商业银行现金存款比率（%）
1994	14277.00		16.3
1995	16571	16.07	12.6
1996	19892	20.04	10.8
1997	24243	21.87	10.2
1998	34787	43.49	9.5
1999	43448	24.90	7.9
2000	62355	43.52	6.8
2001	52864	-15.22	6.2
2002	59019	11.64	5.1
2003	48179	-18.37	5.1
2004	51297	6.47	5.7
2005	54392	6.03	6.6

续表

	商业银行系统的资产总额（千万印度卢比）	商业银行系统资产同比增长率（%）	商业银行现金存款比率（%）
2006	77442	42.38	7.5
2007	90877	17.35	8.6
2008	122571	34.88	6.7

资料来源：wind.

2. 2008 年金融危机后印度银行业改革与发展

（1）2008 年金融危机后印度银行业的基本状态

由于 2003—2008 年印度央行的行长雷迪提出禁用银行贷款购买开发土地、禁止证券化和衍生产品在印度使用、上调基准的回购利率 REPO 等政策，印度银行业在金融危机到来之时依然保持良好的发展势头。2009 年，在《银行家》杂志公布的“全球千家大银行排名”中，印度共有 32 家银行上榜，上榜银行的平均税前利润增长率为 20.4%，相比之下，美国约有三分之一的银行处于亏损状态。2014 年印度仍有 32 家银行上榜“全球千家大银行排名”。

尽管如此，印度银行业仍然出现了盈利状况减弱、资产质量恶化、负担加重、投资减少等问题，这也是危机后印度银行业改革开展的背景。

（2）2008 年金融危机后的印度银行业改革

首先，印度加强了对银行风险管理的监督。2013 年印度制定了一连串完善银行监管的文件，具体包括发布《关于银行的动态拨备框架的讨论稿》，出台印度版《巴塞尔协议Ⅲ》，修改优先贷款条件，出台新的私营银行牌照发放指导文件，起草关于国内系统重要性银行资本附加费的框架，等等。

《巴塞尔协议Ⅲ》受2008年全球金融危机催生，是为改善银行业应对金融危机和经济危机冲击的能力而出台的一项国际协定，其对银行表内外杠杆率、资本充足率、透明度等多方面做了细致的规定。而印度版《巴塞尔协议Ⅲ》选择了高于实施审慎标准的更高执行目标：要求最小资本需求与风险加权资产的比例维持在9%，杠杆率为4.5%。高要求也迫使印度政府对公营银行展开注资，提高公营银行资本充足率（2016年3月印度公营银行的资本充足率仅为11.6%，低于银行业平均水平1.6个百分点），帮助公营银行完成资产重组。印度储备银行最终决定将《巴塞尔协议Ⅲ》的实施时间定为2013年4月1日，完成时间定为2019年3月，皆晚于国际版《巴塞尔协议Ⅲ》的要求。

2015年印度政府公布“Indrahanush”计划，预计在计划开始后的四年内向公营银行开展共计7000亿卢比的注资。2016年3月印度国会通过向部分公营银行注资505亿卢比提案，7月印度财政部继续向13家公营银行注资2292亿卢比。截至目前，印度的公营银行在2016年已经获得超过2500亿卢比的注资。

其次，印度储备银行实施了以限制银行贷款集中度为目的的敞口标准。对单一借贷者，敞口额度为银行资本的15%，对于隶属于集团的借贷者，敞口额度为银行资本的40%。在特殊情况下，银行可以相应地超过标准的10%（单一借贷者）或者15%（隶属于集团的借贷者）。2013年国际货币基金组织（International Monetary Fund）曾评论说，一些印度银行对单一商业团体的敞口已达到令人不安的水平。

最后，放松银行分支机构授权、降低私人部门申请新银行牌照的门槛，以放松银行业准入，激励竞争。一直以来，印度公营银行都居于主导地位，公营银行占印度银行资产总额的70%。而印度银行业的自由化改革进程面临政治阻力，2012年印度爆发了公营银行约200万职工联合罢工的活动，来对抗政府放宽银行业并购限制和允许更多私人资本进入。从数量上，截至2014年底，印度拥有20家私人银行、43家外资银行，对比1997年34家私人银行和39家外资银行，出现了减少趋势。因此金融危机后印度采取降低银行业准入门槛，对于改善公营银行独大的局面具有现实意义。

（3）印度银行业目前存在的问题

印度银行业的改革序幕从20世纪90年代已经拉开，成绩斐然，但有部分问题仍未解决。

首当其冲的是印度银行业的金融抑制问题仍未解决。2009年，印度商业银行贷款量被要求大量投向包括农业、中小企业、专业人员和个体户、教育贷款和住宅信贷（廉价房屋）在内的"优先领域"，私营银行的优先贷款比例为46.8%，同一时期公营银行的优先贷款比例为42.5%，外资银行约为32%，相对较少。客观来讲，投向"优先领域"的贷款为边远地区和农村提供金融服务，促进当地就业、教育、生活质量等多方面的改善，履行了远超其他国家的社会责任。但是投向"优先领域"的贷款回收率极低，而且造成大量的资本金被吞噬，政府不得不采取注资手段以挽救公营银行岌岌可危的资本充足率。另外，"优先贷款"政策拖累了印度银行业的盈利水平，由于向优先行业提供贷款优惠，商业银行损失巨额利息收入，不良贷款比重上升，同时致使印度的工业由于资本金供给不足常年发展缓慢。

其次，印度银行业的资产质量有恶化趋势。尤其2011年第三季度，印度37家上市商业银行的不良贷款比重较上一年度同比增长33.46%，飙升至1.06万亿卢比，直接导致莫迪将印度银行业的评级由“稳定”下调至“负面”。印度商业银行的不良贷款集中在钢铁、农业、支付支持性项目，尽管莫迪总统在2014年提出“印度制造”计划，近两年政府下调用于农业等优先领域的贷款比例，增加对制造业的扶持政策，但目前来看印度仍然是亚洲不良贷款率最高的国家。

最后，印度银行业的IT化程度不高，基础设施不完善，移动支付普及率低。根据世界银行的统计，印度人口总数为12.74亿，然而全国上下只有12.5万家银行分支机构，近47%的人没有银行账户，部分偏远城市甚至没有银行，信用卡普及率也非常低。手机银行方面发展也非常缓慢，印度有超过10亿部手机，但远超半数的网购却是通过现金支付完成，在二三线城市现金支付的比率高达90%。这些硬件确实反过来也制约着印度银行业的发展。未来印度银行业面临的发展难题是如何将更多的现代科技融入当地银行的建设当中，突破制约银行业相关金融服务的瓶颈，更好地便利当地居民的生活。

政治篇

第三章　印度政治与安全

毛　悦[①]

与南亚其他国家相比，印度的政治发展较为稳定，宪政体系较为完善、成熟，公民政治参与形式以政党途径为主。在国家安全方面，印度主要面临两方面的威胁，一是国内分离主义和叛乱分子活动的威胁，二是国际恐怖主义活动的威胁。在南亚地区，印度与其他国家的关系在很大程度上决定着地区安全的稳定程度。近年来，随着印度的经济发展和外交政策的调整，印度的国际地位迅速提升，这也将对地区安全产生影响。

第一节　印度政治发展

在国家层面上，印度国内政局基本稳定，执政党轮换对国内政治以及外交特别是中印关系影响有限。未来5—10年，印度在整体上将继续维持稳定的政局，但不排除在局部地区发生宗教、种族冲突和地方分离主义叛乱活动的可能性。

---

① 毛悦，中国社会科学院亚太与全球战略研究院《南亚研究》编辑部副主任。

一 印度政党

印度的宪政体系在南亚国家中较为完善和成熟。独立后印度的政党执政模式从国大党一党独大逐渐演变为大党联合众多小党的联合执政模式。印度政坛的两大党国大党和印度人民党都很难单独执政。印度的政党体制目前正在逐渐向两大党制下的多党竞争体制转变。

国大党是印度现存的历史最为悠久的政治组织，成立于1885年。在独立之初，国大党在意识形态上兼容并包，代表了独立后印度最主要的民族思潮和社会的普遍要求，加之其在印度独立运动中的领导作用和领导人的个人魅力，因此能够长期执政。国大党贯穿党纲的实质内容是民主主义、世俗主义、社会主义和不结盟的外交政策。国大党作为民族资产阶级政党，一贯遵循的主导思想理论可以概括为印度民族主义、甘地主义和尼赫鲁社会主义。国大党的目标是以和平手段建立一个以议会民主制为基础的“社会主义”国家，在国内实现机会均等以及政治、经济、社会权利的平等；对外奉行不结盟政策，并谋求世界和平与友谊。

20世纪80年代以来，印度人民党异军突起。其意识形态建立在印度教民族主义的传统上，强调印度的文化和传统，希望在巨大文化遗产的基础上发展印度，倾向于建立一个以印度教文化为核心凝聚起来的世俗国家。因此，印度人民党既不同于国大党、社会党和共产主义政党，也不同于其他印度教政党。2014年5月16日，印度人民院（议会下院）选举投票结果揭晓，印度人民党领导的全国民主联盟在543个议席中夺得334

席，获得压倒多数。2014 年 5 月 26 日，印度人民党领袖纳伦德拉·莫迪在首都新德里正式宣誓就任印度第 15 位总理。

印度地方政治实体较多，根基牢固，势力强大，加之社会多元化和利益地区化刺激了地方主义的滋长，促进地方政党的形成。地方政党的发展和壮大也对地方政治的发展有深刻影响。地方政党的政策纲领多实行某种民粹主义的政策，以吸引民众支持，在当前印度政坛多党竞争、联合执政的模式下，地方政党常采取机会主义的做法，不以意识形态或政策纲领作为选择盟友的首要因素，而是基于对己是否有利的考虑。尽管如此，在印度政坛当前的政党执政模式下，未来几十年中，这些地方政党仍将是印度政治发展的重要影响因素。

此外，在印度，宗教和种姓也能影响政治过程，甚至成为政治权力斗争的焦点。宗教是影响印度政党制度发展的重要维度。世界各主要宗教在印度都有信徒，宗教在印度从未与政治分开。尽管世俗主义的原则已占据主导地位，但不少政党都把自身定位为某些宗教团体的代表以争得更多选票。种姓更是印度社会所特有的，并对印度民主政治产生了深刻的影响，使得印度政治领袖的成分发生变化，领导层中来自农村的代表数目急剧上升，政党也越来越诉诸以种姓认同为基础的政治动员。加之中等种姓在政治上的崛起和低种姓的政治觉醒，印度的政党政治带上浓厚的种姓色彩。

二　印度政府治理与政治参与

行政权力明显高于立法和司法权力是南亚民主国家总体的特征，其中印度更是“超级政府”的典型代表，这也是英国殖民统治的遗产。当时遗留下来的政治架构中，行政部门的权力占有压倒性的地位，而建国后国大党政权并没有增强立法和司法的权力，反而在原有的殖民政府基础上强化了行政主导权。时至今日，尽管印度的地方自治取得了相当的进展，但中央政府的行政主导权并未削弱。从历史到现实，中央政府对地方政府一直进行广泛的干预。

印度政府机构规模庞大、部门众多，对国家的社会生活实施全面控制。社会发展水平高的国家，政府规模普遍小型化，而面临发展问题的国家，政府要促进社会进步、推动改革，通过行政调控手段刺激经济发展，普遍保持了大型政府。印度政府的规模在世界范围内也是首屈一指。中央政府下设几十个部，除外交部、国防部、财政部、内政部、司法部等核心部门外，还包括五花八门针对不同职能的部门。

印度公民政治参与的形式高度政党化。全部合法的利益集团均按照典型的压力集团模式对政党和政治家制定政策施加影响。其主要的政党压力集团可分为五类。第一类是社会类，指建立在民族、宗教、种姓、语言和部落基础上的压力集团。如全国表列种姓协会、国民志愿服务团、世界印度教教徒大会等。第二类是农业类，包括依附于共产主义政党的全印农民协会、印度农业工人协会，代表无地或少地贫困农民的农业社会组织等。第三类是群众类，主要指各个政党建立的外围社会性组织，如工会、青年和妇女组织等。第四类是工商类，这是印度政党政治中最典型、作用最明显的压力集团，包括四个主要的全国性产业联合会，即印度工商协会联合会、全印制造业组织、印度工商会协会和全印粮食交易者协会联合会等。此类压力集团的活动特点与西方国家的压力集团相似。第五类是专业类，主要指专业技术人员建立的压力集团，如医生、律师、教师、工程师等技术精英阶层组织的各类联合会、协会等。其有效压力来自对舆论的社会影响力和专业知识，以技术专长影响政府决策。

第二节　印度的安全环境

一　印度国内安全风险

印度面对的国内安全风险主要来自两方面，一方面是国内的动乱，包括印共（毛）的活动、克什米尔地区的动乱以及阿萨姆邦波多人的分离运动；另一方面是国际恐怖主义活动对印度的影响。

毛派分子仍然有能力使印度的安全力量遭受严重损失，而且仍然有较大面积的地区在政府控制之外。印度官方认为，印度的毛派分子是极左的共产主义军事极端分子，企图通过暴力颠覆政府和统治阶级。印度 1967 年即通过立法认定该组织为恐怖主义组织。毛派分子控制着大片偏僻的丛林地带，其集中的地区被称为“红色走廊”。这一地区是部落地带，在这里经济发展与当地土著的土地权力之间的冲突是最明显的。毛派分子主要的收入来源是勒索和绑架所得。1969 年毛派兴起时并不如此显眼，但逐渐发展为叛乱运动，他们有自己的领土管辖权、政治组织、训练有素且有武装的干部、妇女干部以及经济体系。

毛派主要活动的地区是恰尔肯德邦和恰蒂斯加尔邦南部，

现在他们越来越多地在比哈尔邦和奥迪萨邦的部分地区发动袭击。他们在西孟加拉邦、马哈拉施特拉邦、特仑加纳邦和安得拉邦的一些欠发达地区也很活跃，主要目标是政府和安全力量以及基础设施。但近几年遭到印度政府的严重打击，毛派的大本营地盘严重收缩，目前只限于恰蒂斯加尔邦、恰尔肯德邦和比哈尔邦的部分地区，游击队的战区是马哈拉施特拉邦的维达巴（Vidarbha）东部，特别是加德奇罗利（Gadchiroli）地区。这一内部冲突深刻地影响了印度的治理、安全、经济和法治。

印度周边地区仍然很动荡。巴基斯坦、阿富汗、伊拉克和叙利亚的恐怖主义活动对印度的国家安全也提出了严峻的挑战。印度的西部边境一直有小冲突发生。在莫迪总理访问克什米尔之前，当地发生了四次袭击。全球恐怖主义的影响也波及印度，“伊斯兰国”的崛起对印度国家及周边安全提出了严峻的挑战，针对软目标和拥挤地区的恐怖袭击是可能发生的，必须引起安全部门和情报机构极大的重视。印度存在着大量活跃的极端主义分子、分离主义分子以及受外国资助的恐怖主义分子。

印度也严重受到有组织的犯罪的影响，包括：贩毒、走私、洗钱、恐怖主义和涉毒恐怖主义、贩卖军火、买凶杀人、绑架、非法移民和卖淫。要控制这些有组织的犯罪有相当难度，涉及印度法律结构、取证困难、审判缓慢、定罪率低、缺乏资源和培训、缺乏协调、双重犯罪以及罪犯与政界和官僚的关系等问题。印度的选举也常伴随着暴力活动。

二 印度的地区安全环境

地理条件使南亚形成了以印度为中心的地缘政治格局。随着经济崛起和国际地位的提升，印度在南亚的地位更加突出。未来5—10年，印度政局仍将保持稳定趋势，执政党轮换对国内政治以及外交方针影响不大，局部地区仍有可能出现冲突和动荡。印度将继续开拓与亚太国家的合作领域，积极向东亚和亚太地区施加影响力，给中国带来有限的消极影响。印度经济在发展服务业的同时将回归工业化国家的传统道路——制造业，基础设施薄弱造成的投资环境的硬件缺陷和诸多政策限制的软件缺陷仍将对中国企业投资印度形成阻力。巴基斯坦未来的政治安全局势仍不容乐观，并对经济增长速度产生消极影响，未来5—10年内巴基斯坦经济难有大的起色。南亚其他国家经济规模更小，不少国家的内政外交深受印度影响。南亚国家对于中国具有重要的战略安全意义，与其的经济关系在相当程度上对密切战略关系更有助益，而在纯经济层面的收益有限。

未来5—10年，印度可预见的中高速经济增长将使南亚地区在全球格局中的重要性继续提升，印度的崛起是南亚地缘政治格局中最大的影响因素，并对亚洲甚至全球的地缘政治格局产生影响。印巴克什米尔领土争端、南亚国家普遍存在的宗教和种族冲突以及恐怖主义对地区的威胁等问题在短期内难以得到彻底解决。南亚地区几乎没有爆发大规模战争的可能性，局部冲突和恐怖袭击将频繁发生。多数南亚国家，包括巴基斯坦、斯里兰卡和尼泊尔等国，都存在国内政局发生动荡的可能性。

印度在南亚地区的地缘政治格局主要有三个特点。

第一，印度三面环海，北部连绵高大的喜马拉雅山脉与西北部的喀喇昆仑山脉和兴都库什山脉以及东北部的那加山脉形成一道天然的屏障将南亚地区同亚洲其他国家分开，形成了一个相对独立的地理单元，只有少数山口与外界相通。这种地理格局使得南亚地区长期与亚洲其他国家联系较少，而南亚地区国家间的关系对南亚各国的政治外交发展影响较大。南亚国家间关系非常复杂。历史上该地区缺乏现代的民族国家概念，以南亚次大陆这一整体概念为主。1947 年印巴分治使南亚两个最主要的国家印度和巴基斯坦成为不共戴天的仇敌。20 世纪 70 年代，印度成功肢解巴基斯坦，使印度、巴基斯坦和孟加拉国三国的关系更为复杂。至今，印巴关系仍是南亚地区安全最大的隐患。

第二，印度的国土面积三百万平方公里，约占南亚总面积的四分之三，南亚各国除斯里兰卡和马尔代夫与印度隔海相望之外，其他国家都同印度接壤，而各自并不接壤，形成众星拱月的态势。这使印度在这个地理单元中容易成为“霸主”。历史上印度也曾推行“古杰拉尔主义”这一睦邻友好的政策，但近年来，印度对南亚其他国家的政策总体上带有控制与干涉的特点。总体来看，南亚其他国家看待印度的心态仍然十分复杂，南亚各国与印度的关系多有嫌隙，而南亚各国之间的关系有待进一步深入，南亚国家合作有较大的发展空间。

第三，南亚次大陆三面环海，东部濒临孟加拉湾，西部连接阿拉伯海，南部则面对浩瀚的印度洋。印度是印度洋沿岸的重要国家，是亚非欧三大洲之间的海陆交通枢纽。印度独立以来一直重视海洋战略的发展。潘尼迦认为印度的安全系于印度洋，如果印度洋被他国控制，印度就失去了自由，印度的未来如何与印度能否发展为海权大国紧密相连。2004 年印度出台《印度海军理论》，称将通过重点发展战略核潜艇和航空母舰来建立可靠的海基核威慑能力，打造现代的蓝水海军，在控制整个印度洋的基础上，贯彻“西出、东进、南下”的战略思想，逐步将印度的战略利益延伸至西起波斯湾、东至南中国海、南抵赤道以南的广大海域，由近海防御和区域防御向进攻性远洋海上投放力量转变。印度2007年出台的《印度海军战略》重申了发展海基核力量的重要性，将孟加拉湾和阿拉伯海的印度200海里专属经济区以及扼守印度洋水道的几个海峡要冲和印度洋上的一些岛国划为首要战略区，南印度洋、南中国海、东印度洋和红海等是次要战略区。

三　印度与南亚其他国家关系。

1. 印巴关系。未来5—10年，巴基斯坦由于缺乏强有力的政治领导人，国内各派政治力量博弈较为激烈，发生政治动荡的可能性较大。巴基斯坦建国后政局一直较为动荡，经历了军事统治时期和三次印巴战争以及东西巴的分裂。穆沙拉夫的“政治强人”效应给巴基斯坦带来了短暂的政治稳定，但自2008年他离任后，巴基斯坦陷入了新一轮的政局动荡。巴基斯坦宪法也出于统治者的需要进行了多次修正，对国家权力归属的细节进行规定，反映了国内各派政治力量对国家权力的争夺。因此，对于政治制度不完善、未能充分发挥效用的巴基斯坦而言，在没有政治强人执掌政权、国内政治斗争复杂的情况下，政治动荡出现的可能性较大。

恐怖主义与美国军事力量的斗争也将给巴基斯坦政治安全局势带来变数。在政治上，主要体现为反恐战争对美巴关系的影响。美国在巴基斯坦外交中的重要性不言而喻，而美国在反恐战略的推进中损害巴基斯坦主权的行为多有发生，本·拉登被袭事件更暴露出两国互信的缺失，两国间矛盾有激化的趋势。在安全上，由于美国把阿巴边境地区作为军事打击的主要目标，也不可避免地为巴基斯坦西北边境地区带来动乱和人员的伤亡。

在地区层面上，印度与巴基斯坦关系的处理，将会对地区局势造成较大影响。印巴关系不仅涉及宗教冲突和领土争端等有形领域，更牵涉到两国的国家认同、民族情绪这样无形的精神领域，在短时间内基本没有圆满解决的可能性。但由于印巴均已是核国家，南亚地区发生大规模军事冲突的可能性基本不存在。印巴之间尽可能扩展合作领域，将两国关系维持在较为正常的水平，对南亚地区乃至亚洲的和平与发展将大有裨益。

印巴之间的领土纷争主要围绕克什米尔问题。印巴分治时《蒙巴顿方案》规定各土邦可根据所信奉的宗教选择加入印度或巴基斯坦，或选择独立。克什米尔土邦中穆斯林占70%以上，但土邦王是印度教徒。双方对于土邦归属的意见分歧最终引发了第一次印巴战争，经联合国安理会调解后于1949年实现停火并签署停火协定。印度控制了克什米尔五分之三的土地和四分之三的人口，巴基斯坦控制了五分之二的土地和四分之一的人口。1965年印巴又因克什米尔问题爆发第二次战争，后在英国斡旋下实现停火。此战后印巴发表宣言声明将通过和平手段解决争端。由于印巴都是核国家，因此，现阶段及未来印巴因领土争端再爆发大规模军事冲突的可能性基本不存在。

克什米尔问题不可能在近期得以解决，国际调解也因印度的反对难以进行。巴基斯坦得到了绝大多数伊斯兰国家的支持，而西方国家基本保持中立。印巴双方都坚决反对克什米尔独立，国际社会也未给予积极支持，克什米尔独立的可能性较小。克什米尔问题的解决必将是长期的，其方式也将是较为温和的。

2. 尼泊尔与印度同为印度教国家，有着密切的宗教、文化和历史联系。1947 年 6 月尼泊尔与印度正式建交。长期以来，印度是尼泊尔最大的贸易伙伴和重要援助国。两国实行开放边界，保持着特殊的密切关系。印度历届政府长期以来视尼泊尔为本国的“后院”，高度关注尼泊尔的内政和外交。印度也以封锁等方式控制尼泊尔的经济和民生，使其维持与印度的特殊关系，与印度外交立场趋同。最近的一次发生在 2015 年 9 月，尼泊尔新宪法颁布后，印度称新宪法未能保护少数民族利益，收紧边境管控，对尼泊尔再次进行封锁，造成尼泊尔国内物资严重短缺，尼印关系紧张。尼泊尔一方面在经济上严重依赖印度提供的援助和进出口通道，另一方面也对印度摆出的盛气凌人的架势甚至企图插手尼泊尔内政的行为感到不满。

2014 年莫迪政府执政以来虽通过印度总理访尼和友好的言论等造势，但 2015 年的对尼封锁说明尼印关系长期以来形成的互动模式难以改变。在尼泊尔做出不符合印度预期的行为时，印度仍然会通过控制尼泊尔的经济命脉将尼方推回原本的行为轨道。

3. 印斯关系。斯里兰卡内战结束后，印度对斯里兰卡政策的目标是在符合印度战略利益的前提下稳定政局与发展经济。随着斯里兰卡内战的结束，2009 年以来印度在斯里兰卡的利益中经济利益所占的比重上升，斯里兰卡的经济发展和社会稳定符合印度的利益。斯里兰卡作为印度洋的前哨和战略要地，对于印度有着重要的战略和安全意义。印度必须一方面确保印斯关系的特殊性，突出印度对斯里兰卡的重要性，另一方面保证斯里兰卡不倒向任何南亚地区外的大国。于是形成了这样的矛盾：印度需要斯里兰卡长期稳定与发展，但排斥其他国家在此方面对斯里兰卡的帮助。从本质上说，这与印度长期以来将斯里兰卡视为自己势力范围的战略思维有关。

内战结束后，印度对斯里兰卡政策主要侧重于三个方面：一是为斯里兰卡北部和东部的泰米尔难民提供人道主义救助，以特别贷款方式支持斯里兰卡主要的发展计划，重点在北部地区；二是推动斯里兰卡政府和主要的泰米尔政治力量泰米尔民族联盟（TNA）之间的政治谈判，力图通过在泰米尔人占多数的北部和东部地区以权力下放的方式实现民族政治和解；三是鼓励两国实现进一步的经济一体化。[①] 但从政策实施的效果来看，与预期的目标差距还较大。这有以下几方面的原因。第一，印度自身实力有限。印度作为一个崛起中的大国，在能力有限的情况下要将资金和资源优先用于实现自身的发展，以余力来援助其他国家，能达到的效果有限。第二，斯里兰卡政府对内政外交独立性的坚持。印度长期以来将南亚次大陆视为自己的势力范围，使南亚其他国家对于与印度的关系都会有在保证自身独立性方面较为谨慎、仔细的考虑。从某种程度上说，拒绝印度密切关系的要求更有利于执政当局在国内树立民族主义的形象，赢得民众好感。而在内战结束后，斯里兰卡更积极地寻求与世界其他国家关系的发展，也在一定程度上使印度的作用并不像其预期的那样突出。这也使印度对斯里兰卡与其他国家

① 李捷、曹伟：《斯里兰卡内战结束以来印度对斯政策分析》，《南亚研究》2013 年第 4 期，第 119—120 页。

的关系，特别是与中国的关系更为警惕。第三，印度的泰米尔纳德邦对于印斯关系有重要影响。印斯两国的泰米尔人同宗同源。在斯里兰卡内战期间，泰米尔纳德邦与斯里兰卡的泰米尔人以及泰米尔反叛组织有千丝万缕的联系。泰米尔纳德邦对斯里兰卡问题的介入不仅影响了印度与斯里兰卡的关系，也影响着该邦与印度中央政府的关系。该邦经济的不断发展使其在与印度中央政府对话时更有底气，同时，其政治力量也对执政党领导的执政联盟有影响力，如 2013 年印度在泰米尔政治力量 DMK 的压力下在联合国人权理事会对美国提出的斯里兰卡人权状况的决议中投了赞成票，对印斯关系影响极大，也几乎导致当时执政的团结进步联盟破裂。①

尽管受以上原因制约，印度与斯里兰卡仍然保持着非常特殊而密切的关系，印度对斯里兰卡的影响渠道和程度值得深入研究。2015 年 2 月，印度与斯里兰卡签署了民用核能合作协议。该协议将促进双方在核能和平利用、核安全、辐射安全、核安保、放射性废物管理、核与辐射事故缓解以及环境保护等领域进行知识与专门技能的转让与交流，共享资源，并在能力建设和人员培训方面开展合作。这是斯里兰卡政府首次签署此类协议，反映了印度与斯里兰卡关系的密切程度以及双边互信的程度。

斯里兰卡僧伽罗族与泰米尔族的民族和解，以及印度如何处理斯里兰卡与其他国家关系的发展在很大程度上不仅决定了印斯关系的走向，也对地区安全与稳定具有重要影响。

---

① 李捷、曹伟：《斯里兰卡内战结束以来印度对斯政策分析》，《南亚研究》2013 年第 4 期，第 131 页。

民族矛盾一直是影响斯里兰卡政局的最大难题。斯里兰卡的国内局势二十多年来深受政府与泰米尔猛虎组织间的冲突影响。2009 年斯里兰卡剿灭了泰米尔猛虎组织、遏止了其分离运动，但国内作为多数民族的僧伽罗人和少数的泰米尔人的矛盾仍然存在。民族与宗教、语言的同一性是斯里兰卡民族划分的特点之一，占人口 70% 以上的僧伽罗人大多信奉佛教，操僧伽罗语，占人口不到 20% 的泰米尔人大多信奉印度教，操泰米尔语。斯里兰卡的泰米尔族与印度次大陆的泰米尔族同宗同源属同一人种，因此，斯里兰卡的民族冲突掺杂了宗教和语言的复杂因素以及外国势力的干预和影响。斯里兰卡政府如不能修正其偏向僧伽罗人的政策倾向，弥合民族隔阂，民族矛盾仍将成为影响斯里兰卡政治稳定的最大难题。

斯里兰卡实行总统制，且在 2010 年通过宪法第 18 条修正案，取消了对总统任期的限制。尽管斯里兰卡已基本形成了较为稳定的两党制，但未来的民主政治发展危机四伏，出现政治动荡和社会动乱的可能性较大。值得注意的是，印度对斯里兰卡政治外交发展仍有较大影响。

4. 印阿关系。塔利班倒台后，阿富汗新政府在国际社会的协助下建立了西方式的现代制度，移植了西方的代议制和选举制，进行了加强民主教育、改革官僚体制、建立三权分立等方面的努力。但西方国家现代民主文化是在阿富汗人缺乏资本主义民主思想熏陶、缺乏现代民主国家建构和支撑的条件下引入的，尽管经过了精心设计，但需要阿富汗社会具备相应的政治文化和政治传统作为精神支撑。历史发展和部落国家的现实，决定了阿富汗完全缺乏现代民主制度生存和发展所需的基本条件和土壤，也就很难适应这些与政治文化不相符的政治制度。在阿富汗大选中，贿选、舞弊等腐败现象严重。阿富汗也根本就没有建成有效的惩戒和道德监督机制。阿富汗虽然顺利完成了制宪、选举和新政府的组建工作，但是建立一个现代意义上的统一的阿富汗国家的前景并不明朗。

近年来，阿富汗政治与经济重建虽取得积极进展，但安全局势持续恶化，腐败、毒品泛滥等问题也威胁阿富汗的稳定和发展。卡尔扎伊连任后，积极推动“和解与再融合”计划，加强军警建设，扩大地区合作，谋求国际援助。美国及北约主导阿富汗安全和重建，之前在阿富汗驻军约 13 万人。美国 2014 年底撤出作战部队，向阿富汗移交安全责任，但是全部撤军的时间计划却一再推迟。阿富汗的政治发展是各方关注的焦点，也要经过各种力量特别是域外大国势力和主张的博弈。未来阿富汗的政治局面变数较多。

第三节 印度国际地位的提升及其影响

印度的国际地位提升主要表现在三个方面。第一，与主要大国的关系密切；第二，与国际组织联系密切而广泛；第三，作为新兴大国在国际事务中的发言权和决策权加强。

首先，印度加强发展与主要大国、新兴经济体及能源丰富国家的关系。冷战结束后，印度政府及时地认识到了世界格局的变化，摒弃了以意识形态划分敌友的做法，希望通过外交使印度的经济发展受益，提升印度的国际地位。在这种思想的指引下，印度优先发展印美关系，巩固与俄罗斯的传统友好关系，高度重视印中关系，推进与欧、日等主要发达国家的关系，继续推行东向政策，加强与东南亚地区新兴经济体的联系，也逐步拓展同海湾地区、中亚地区等能源供应国的交往与合作。

其次，印度与国际组织联系密切而广泛。据美国中央情报局（CIA）的统计，印度加入的国际组织，包括观察员身份，有七十多个。印度与国际组织的联系表现出印度渴望融入现有的世界体系，并在其中有所作为，提升地位并最终实现大国梦想的诉求。印度积极参与国际金融机构及其下属组织的活动，既反映了国际组织对印度经济改革与发展的影响，也体现了印度渴望融入全球经济的要求。印度对联合国及其相关组织、活动的积极参与，反映了印度渴望在现有的国际体系中发挥作用的急切心情。印度对区域性合作组织，包括南亚区域外合作组织的积极参与，既是印度改革以来推行务实的经济外交、积极扩展与更多国家、地区联系的表现，也彰显了心怀大国梦想的印度对将其影响力扩展到南亚区域外的期待。作为发展中大国，印度加入的发展中国家组织反映了印度参与国际政治经济事务的历史与现实。不结盟运动、七十七国集团等反映了印度在独立之初和改革前所持的对国际政治经济事务的态度，而作为新兴大国，印度凭借出色的经济表现跻身二十国集团，开始享有对国际经济事务的发言权甚至决策权，正在逐渐走近其大国目标。

最后，金砖四国在全球治理中地位的提升和二十国集团成为全球经济治理的主要机制，更使得作为其中一员的印度的国际地位大大提升。

2010 年八国集团峰会之后的二十国集团峰会上讨论了关于

世界经济的一系列重大问题。这标志着在发达国家之外还容纳了主要新兴大国和地区代表性大国的二十国集团已经走上全球治理的舞台中心，既体现了全球事务主导权的多边化，也体现了多极化的一种可见的发展。

二十国集团在全球事务中的治理作用目前还集中于经济领域，这与二十国集团中的新兴大国近年来强劲的增长和2008年金融危机以来主要发达国家遭遇的经济衰退有关。由于发达经济体与新兴经济体的经济发展速度差异大，发达经济体与新兴经济体对世界经济增长的贡献率出现了巨大的反差。按照国际货币基金组织的测算，包括中国和印度在内的金砖国家对世界经济增长的贡献率则从1990年的－0.6%上升到2010年的60%多。包括印度在内的金砖国家已经成为拉动全球经济增长的火车头。印度作为金砖国家的重要一员，其国际地位的提升毋庸置疑。

印度在经济增长和国际地位提升后，在地区的影响力也更大，这主要表现在三个方面。第一，在南亚影响力增强；第二，向东亚扩展影响力；第三，被域外大国和地区小国用于平衡中国力量。

首先，印度试图强化其在南亚的影响力，主要表现是对域外大国特别是中国与南亚国家的联系保持高度警惕。印度传统上一直是南亚霸主，近年来印度经济的崛起更拉大了其与其他国家在经济和国际地位上的差距。印度传统上的大国心态使其在强大之后对南亚小国的支配心理更强，对中国与其他南亚国家的交往也更为敏感和忌惮。炒作中国的“珍珠链战略”即是其中突出表现。印度的这种猜忌将不利于地区国家关系良性发展。

其次，印度加紧向东亚施加战略影响力。近年来，印度积极推进东向战略，与东南亚国家关系密切发展。特别是，印度通过与越南在中越争议领海合作开发油气田，试探中国底线，增强在东亚地区的战略影响。印度摒弃了对缅甸政府的批判态度之后与缅甸的关系近年来也有改善。印度与东亚这些具有重要战略意义国家间关系的关键性推进表明其向东亚扩展影响的决心和途径。东亚地区的国际关系局势也将因印度影响的加入而发生改变，尽管这种变化可能是有限的。

最后，经济崛起的印度成为平衡中国影响的力量。地区各国面对中国的崛起心态复杂。美国作为霸权国面对崛起国的挑战怀有警惕和戒备的心理。地区小国对于强大邻国的崛起怀有恐惧和担忧的心理。他们都迫切需要能够平衡中国影响的力量。而对中国崛起怀有嫉妒心理的印度，增长势头强劲，领土和人口规模与中国相近，却在价值观和国家制度方面更接近世界大多数国家，成为这种平衡力量的最佳候选。地区国家的这种心理倾向将会对地区各种力量联盟的分化组合产生影响。

第四章　印度的大国观与东向政策

毛　悦[1]

大国梦想是印度对外目标的最高追求。这一理想不仅寄托了统治精英的期望，也有深厚的文化渊源和民众的心理基础。正是这一政治理想的内涵所发生的转变——从政治道义到经济实力——改变了印度对国家间关系的思维模式，在推动印度经济发展模式转变的同时，也使中印关系在 20 世纪 80 年代末 90 年代初逐步走上正常国家关系的轨道。

第一节　印度的大国梦

印度大国梦想的形成依托于国民深厚的心理基础，浸透了印度文化的影响，寄托了独立后几代印度政治精英的期待，是印度对外目标中最迫切、最深层的渴求。印度开国总理尼赫鲁要做“有声有色大国”的名言让印度的大国梦想举世皆知，尼赫鲁还曾表示印度命中注定要成为世界上第三或第四位最强大的国家，认为自己的国际地位不应与巴基斯坦等南亚国家相比，

① 毛悦，中国社会科学院亚太与全球战略研究院《南亚研究》编辑部副主任。

而应与美国、苏联和中国相提并论。[①] 国大党的其余几位总理，特别是尼赫鲁家族的两位总理承袭了这一思想，以使印度获得大国地位为己任。而作为反对党的人民党在这一点上与国大党毫无二致。人民党的崛起得力于其强烈的印度教民族主义，该党也根据形势发展不断调整其政治策略，在执政后将这种强烈的对穆斯林的民族主义转化为一种强国意识，要以一个强势政府建立一个军事、经济、国际政治上的强国。[②]

一　尼赫鲁和英·甘地执政时期

在印度独立后相当长时间内，在寻求经济发展的同时，印度领导层一直认为印度在道义和精神层面占优，这种优势能为印度带来大国地位，并已经奠定了印度在发展中国家中的领袖地位。

印度作为最先独立的殖民地国家和平建国，并拥有西方式的民主政治制度。尽管被英国殖民者长期统治，然而却能够以和平方式领先于诸多以武装斗争争取独立的第三世界国家而率先建成崭新的共和国，建立了较为稳定的民主制度、制定了宪法并拥有较为强大的军队。这让印度人，特别是印度的开国元勋油然而生身为印度人的自豪感。随之而来的还有一种责任感，印度领导人认为印度建国的经历将对世界各国，尤其是那些正在争取独立和刚刚获得独立的国家有助益，因此有责任和义务

① V. M. Hewitt, *The International Politics of South Asia*, Manchester University Press, 1992, p. 195. 转引自孙士海主编《印度的发展及其对外战略》，中国社会科学出版社 2000 年版，第 2 页。

② 张四齐：《印度人民党及其大国战略》，《前进论坛》2001 年第 6 期。

成为这些国家的代言人。在此基础上，尽管经济军事实力和社会发展水平与世界强国相比还有较大提升空间，但印度认为自己有能力也有义务为建立平等的国际政治秩序贡献力量。

印度自我感觉良好，并顺理成章地认为国际社会应该给予其梦寐以求的大国地位，因为，一个具备了以上条件的国家一定会在国际事务中“起到领导和显著影响的作用”，具备了这些条件的国家不需要“经济技术能力或者军事实力来寻求这种影响力或实力”，因此印度只是“期待我们周围的世界仅仅在文明的因素和我们所声称的道德的基础上来给予印度领导者的地位，这既是不现实的，也是不受欢迎的”。尼赫鲁时代的印度正是抱持着这样的想法而理所当然地以大国自居。而且这种由良好的自我认知催生出的大国要求并没有随着尼赫鲁的辞世而消失。“尼赫鲁的继任者并没有根据国际关系的现实做出调整，不仅设想印度将得到自己的影响力和领导作用，而且还错误地认为印度值得得到这样一种身份，无论自身的经济军事实力和政治能力。”①

英·甘地虽然在经济领域采取了某种改革的举措，但经济发展模式和政治理念仍然主要沿袭了尼赫鲁时期的特点，强调道义和精神层面的重要性，而对经济途径对大国地位推进的认识不足。英·甘地对经济发展后物欲上涨给社会带来的变化感到惶恐和担忧。对印度人而言，精神世界往往要重于物质世界。韦伯对世界宗教进行了划分，认为印度教是一种出世的宗教，其信徒关注的重心既不在今生，也不像佛教那样在于来世，而

① J. N. Dixit, *India's Foreign Policy 1947 - 2003*, Picus Books, 2003, pp. 376 - 377.

专注于与神的梵我合一。无论如何，印度人对于精神世界的执着是众所周知的，受过西方教育的英·甘地也不例外。对于时代的变化和以经济增长即贫富的标准来评判各国，而将精神的力量忽略不计，英·甘地多少认为有些过于世俗。1983 年 10 月 4 日，在欢迎访印的新西兰总理罗伯特·默尔多的宴会上，英·甘地讲道，“目前使用的‘发达’和‘发展中’这两个词混淆了信息和智慧，物质的积累和幸福的含义，这对于未来的危险同军事力量竞争对安全的威胁一样大。真正的安全只能同各国之间的相互理解、友谊、合作一块到来”①。

尼赫鲁和英·甘地一方面仍然强调道义在国际关系领域的重要性，另一方面对于经济途径可能为印度带来的国际地位提升认识不足。这一时期印度认为大国梦想的实现途径仍然是依靠先天的文明和文化方面的优势以及历史形成的政治道义优势。

二 拉·甘地执政时期

拉·甘地执政时期，印度大国梦想的内涵已经向经济和科技实力方面倾斜，至经济改革时期及其后，印度大国梦想的内涵已发生转变，领导层已深刻认识到经济发展是实现大国梦想的途径。

拉·甘地的大国观主要有两个特点。第一，印度要做大国就要迎合世界的变化，抛弃冷战思维和意识形态政治。拉·甘地与他前任的各位印度总理不同的是，他基本摆脱了冷战思维和意识形态的束缚而能够在当时的世界环境下比较客观地看待

---

① ［印］普普尔·贾亚卡：《英迪拉·甘地私人传记》，张曙薇、姚大伟译，时代文艺出版社 1999 年版，第 455 页。

印度的目标和实现目标的必要路径，“并没有像他的母亲和外祖父那样受限于意识形态或者政治社会主义的倾向。他也没有过分地从属于50、60和70年代的事件和记忆的影响……他倾向于获得最有效的先进技术，采取最新的管理方法，服务于印度的发展和现代化”①。第二，突出经济发展特别是由科学技术进步推动的经济发展对于获得大国地位的重要性。个人的经历对他的改革思想以及对当时世界的认知有着重要的影响。拉·甘地曾在西方的知名学府求学，他欣赏西方的先进技术，并期待自己的祖国也能跟上世界前进的步伐，希望以先进的技术带动印度经济发展，使印度工业在国际上具有竞争性。这被认为是他就任印度总理后放宽对国内工业和外贸管制的主要原因。② 应该说，拉·甘地看到了世界正在发生的变化和印度的差距，在他的大国理想中，技术进步是至关重要的。在拉·甘地的倡导下，科技兴国也成为这一时期印度经济发展的主题。印度软件业的发展正是从这一时期拉·甘地重点关注现代化技术和信息革命开始的。

这种大国观在外交领域的突出表现就是抛弃了非友即敌的冷战思维，与中国外交关系的恢复就是明证。此时的印度领导人将中国看作经济合作的伙伴，立足于印度的经济利益，而非冷战时的零和博弈。拉·甘地表现出非常积极地想要与中国进行经济合作的意愿。

可以看出，拉·甘地个人已经极富洞察力地认识到，印度

① J. N. Dixit, *India's Foreign Policy 1947 ~ 2003*, Picus Books, 2003, p. 172.

② ［美］弗朗辛·R. 弗兰克尔：《印度独立后政治经济发展史》，孙培钧等译，中国社会科学出版社1989年版，第682页。

过去单一地模仿苏联模式，看待国家间关系的态度深受冷战思维影响的做法已经落伍，即将到来的时代将是各国联系紧密、不能树敌的局面。印度要想实现大国梦想，就要做好准备迎接这一新时代，处理与过去敌人的关系，并积极与各国进行可能领域内的合作。在他这种思想的指引下，印度不仅与其二十多年的敌人中国开始交往，并在中国经济建设的鼓舞下开始对原有的经济政策做出修订。在经济实力决定国家地位的时代，中国凭借经济表现而吸引了世界关注，这对于印度无疑是一种可参照的国家地位上升的路径。印度总理对中国的重视正体现了中国模式对以苏联为模板的印度大国梦的补充。而在苏联解体后，中国以经济发展提升国际地位的上升路径对印度大国诉求的借鉴意义则更为重大。

三　辛格执政时期

在苏联式大国发展道路不能引领印度通向世界大国地位时，东亚国家，特别是与印度国情相似的中国的经济发展及其带来的国际地位的上升，为印度提供了新的发展道路的借鉴与参考。印度的有识之士开始分析这些东亚经济体变化的原因，并试图为印度找到一条不得不放弃苏联模式之后的可行之路。这些国家变化的关键在于它们已经把握住了这个时代发展的脉络——经济发展已成为国家生存与发展的关键。这种观念和思想特别是看待世界的态度的变化，正是印度所缺乏的，也是印度寻找新的发展模式所必需的。当时印度一批具有国际视野的领导层成员已经认识到冷战后世界的变化所带来的这种新的价值观。印度经济改革的设计师曼·辛格认识到，经济是衡量一个国家综合国力的重要指标，经济是国际关系的主导因素，经济上的进步在很大程度上意味着在国际外交及权力联盟中地位的提高；而权力和国家的影响力与国民生产总值和人民的财富成正比，他说，只有国家经济强大，它才能在世界民族大家庭中、在由富裕国家控制的国际权力结构中找到它的适当位置，“如果我们想在世界上有影响力，我们就必须富裕，我们就必须创造一种鼓励企业家提高创造力的环境”①。他们眼中的世界是一个重视经济实力的世界，过去那种以军事实力和意识形态来为国家贴标签的做法已经过时了。在冷战后的世界中，要衡量一个国家的实力和国际地位，经济实力居首位，经济实力的提升同时意味着在外交和国际机构中地位的提升，因此印度要想获得大国地位，就必须发展经济。

第二节　东向政策

随着全球化的发展，各国间贸易的密切使得经济手段成为密切国家关系的桥梁。而这一沟通渠道又由经济利益推动，因而这种联系虽然不能一定并直接改善两国的政治关系或消除安全领域的戒备，但这种联系本身却是不能忽视的，也许是最为持久的国家联系。改革开放后的中国顺应了这一时代潮流，在中国的外交事务中，贸易成为一项重要的工具，不仅使中国与更多的国家建立联系，更使那些对中国的发展怀有疑虑的国家暂时搁置他们的戒心，存异求同，将注意力转移到能为双方带

① Manmohan Singh, “Reforms Vital for Unity”, *Hindu*, October 22, 1994. 转引自张淑兰编著《印度拉奥政府经济改革研究》，新华出版社2003年版，第48—49页。

来实在的经济利益的事情上来。印度学者也观察到这一点，“中国将贸易作为一种战略武器，不但与美国，而且与全世界越来越多的国家建立起了互惠关系。目前，欧盟和东亚、东南亚国家都日益谋求与中国成为经济伙伴。即使那些对中国不断上升的经济和军事地位表示担心的国家，也不想损害自己与它的经济关系。由于中国致力于提供一个潜力巨大的国内市场，以及对出口高质量低价格产品所做的承诺，越来越多的国家只好不去考虑中国政治力量的上升”①。在印度看来，中国与自己一样拥有成为世界大国的目标，而在经济发展水平成为国际地位标尺的今日，印度观察到中国的经济发展使其能够超越意识形态的束缚而与主要的资本主义经济体建立重要经济联系，从而为中国的经济发展服务。

相较而言，印度经济改革开始时间晚，对于贸易在经济领域之外特别是在外交领域的作用，还未能像中国那样深刻领会并自如运用。印度独立后相当长时间内，外交政策受尼赫鲁个人因素影响很大，甚至在尼赫鲁去世后多年，他的外交思想仍然对印度外交起到相当程度的影响。而尼赫鲁本人尽管能够理解政治与经济的相关性，但在今日回首印度独立后几十年的外交政策，就可发现在受其外交思想影响下的印度外交政策中，看不到明显的经济与政治的相关性的体现。

而且，印度独立后的几十年中出于其大国诉求，更多地关注世界级大国，归属小国也多限于南亚地区，而对于东亚则关注甚少，因为这一地区的国家并不能被印度管理，也够不上印

---

① ［印］桑贾亚·巴鲁：《印度崛起的战略影响》，黄少卿译，中信出版社 2008 年版，第 269 页。

度心目中的大国，“印度人认为他们缺乏规模、社会结构或成为经济大国所必需的中央计划体制”，并认为印度经济远远超过了这些国家，在20世纪60年代，印度曾嘲笑马来西亚和韩国是西方国家的奴才，并声称自己的经济绝对超过了中国。[①] 然而，“从1979年经济改革以来，相当多的政治评论员和倡议者越来越多地引用中国的例子，这些人热衷于推进自由化——使印度融入世界经济。中国成功的自由化进程和大规模的国际贸易越来越被认为是印度效仿的楷模”[②]。冷战结束后，印度人开始为东亚国家的经济成就而感到震惊和惶惑，“我们已经边缘化了。1960年，韩国人并不比我们发达，而现在，他们已进入经合组织这个富国俱乐部”[③]。而当印度开始谋求自身的经济改革时，就顾不上对这些经济体的成绩表示震惊或批评其亲西方了，而是更看重它们发生变化的原因并积极寻求与它们的联系。“东向政策”的推出即反映了印度思想上的变化。

东向政策的推出正是在印度对世界和自己在其中地位的认知发生变化、印度的世界观发生重要的战略转变[④]的基础上试图通过扩展外交空间、求得经济发展，最终实现大国梦想的外交

---

① ［美］斯蒂芬·科亨：《大象和孔雀：解读印度大战略》，刘满贵等译，新华出版社2002年版，第277、54页。

② ［印］阿玛蒂亚·森、让·德雷兹：《印度：经济发展与社会机会》，张宏良译，社会科学文献出版社2006年版，第69页。

③ ［瑞士］吉尔伯特·艾蒂安：《世纪竞争：中国和印度》，新华出版社2000年版，第116页。转引自张淑兰编著《印度拉奥政府经济改革研究》，新华出版社2003年版，第33页。

④ 印度总理辛格将东向政策称为是印度世界观的战略转变，见C. S. Kuppuswamy，“India’s Look - East Policy：More Aggressive，Better Dividends”，paper no. 1663，March 1，2006，http：//www. southasiaanalysis. org/% 5Cpapers17% 5Cpaper1663. html。

举措。印度要实现大国目标，就绝不能只满足于“南亚大国”的身份标签，只局限于在南亚次大陆和印度洋投射力量，而要走出南亚，赢得在亚洲、在亚太地区的地位。东向政策正是印度这种努力的一种途径，到目前为止，也可说是最为成功的途径。

印度将其扩大影响的第一站选在了东南亚地区，其原因至少有以下几项：第一，东南亚国家历史上深受印度文化影响，有西方学者称其为“印度化国家”[①]。而且这种影响的渗入是以和平方式通过长年累月潜移默化的影响而实现的。出于文化上的亲缘关系，东南亚国家似乎更容易接受印度。第二，东南亚的经济增速对于寻找经济发展出路的印度具有吸引力。20 世纪 90 年代初印度新经济政策的推出一方面是在外汇危机窘境中不得已而解燃眉之急，另一方面也是出于对独立以来经济发展道路的反思和增长途径转换的探索。东南亚地区经济在战后蓬勃兴起，使以大国自居的印度刮目相看，并渴望“向东看”，求得经济发展、强国富国的“真经”。第三，东南亚国家地理位置重要，可以成为印度进入东亚甚至亚太地区的入口。东南亚的地理位置在经济和战略层面均具有重要意义，不仅是印度洋和太平洋之间的海上交通要道，还掌控着南亚次大陆东面的海上通道，而且印度洋的重要战略价值与马六甲海峡息息相关。因此，东南亚对于印度自身的海上利益及其向东扩展影响力都具有重要价值。

---

① ［法］乔治·赛代斯：《东南亚的印度化国家》，蔡华、杨保筠译，商务印书馆 2008 年版。

一　东向政策的发展阶段

印度的东向战略[①]始自 1991 年。拉奥政府在当年 9 月的外交政策决议中提出“东向政策”，指出要全面加强与东南亚国家的关系。其中的“东”是指印度东方的国家，包括东亚，甚至整个亚太地区，是相对于印度西面的欧洲、西亚以及南亚其他国家而言的。根据涉及的国家和合作领域的扩展，印度东向战略的发展可划分为以下两个阶段。

第一阶段（1991—2002）以集中于东盟老成员国的经济合作为主。

东向战略第一阶段发展中以经贸合作为主，这是刚刚走出经济危机阴影的印度当时首要的诉求，也决定了东向政策实施时，主要的对象国是经济较为发达的东盟的四个老成员国，即印度尼西亚、马来西亚、新加坡和泰国。

印度实施东向政策的主要手段有两项。第一，在双边层面，通过与东盟老成员国密切的高层互访拉近关系，以经济合作为主题，签署一系列投资、旅游、贸易以及科技合作方面的协议，展开与东南亚国家的经济往来与合作。第二，在地区层面，积极参与东盟的机构活动，如参加东盟峰会等。

这一阶段，印度在经济合作和在东南亚地区的影响力扩展两方面都有不小的收获。一方面，印度与东盟的贸易额不断攀升，与东盟四个老成员国之间的贸易额的增长尤为突出；另一

① 从印度“东向”外交近年的进展来看，可以将东向政策称为“战略”，而不仅是“政策”。除引文外，本节在提及 1991—2002 年该战略发展时，将其称为“东向政策”，在对其统称和提及 2003 年后的发展时，称其为“东向战略”。

方面，印度与东盟的关系也在不断密切，从东盟的部分对话伙伴（1992年）很快发展为全面对话伙伴（1995年）、东盟地区论坛成员（1996年）以及继中日韩之后第四个单独与东盟举行峰会的国家，即第四个“10+1”（2001年）。

印度东向政策的展开过程中有两个突出的特点。其一，在经济合作对象国方面的不平衡性。印度对于与东南亚地区经济较为发达的新、马、泰和印尼四国发展关系较为积极，而对加入东盟较晚、经济相对落后的越南、老挝、柬埔寨和缅甸则关注不多，与菲律宾和文莱的经济往来也微乎其微。其二，发展过程本身的不平衡性。印度东向政策推行的最初几年，成效较为明显，而在1997年之后，受东亚金融危机的影响，以及印度核试验引发的国际制裁等，印度与东盟的合作停滞不前。至2000年，东亚金融危机的影响基本平息，印度也逐渐走出了外交孤立、经济受制的困局，继续向东南亚施加影响。印度不仅通过与越、老、柬、缅、泰建立“恒河—湄公河组织”而弥补与东盟新成员国较为疏远的关系，还成功地以南亚国家的身份成为了继中、日、韩三个东亚国家之后与东盟直接举行峰会的国家。

第二阶段（2003年至今）：战略合作加强。

2003年，印度的东向战略进入了第二阶段。① 东向战略涉及的国家由初期集中在东南亚地区转向东亚和太平洋地区的广大地域范围，内容也由经济层面向战略层面倾斜。

---

① 2003年8月印度外长辛哈在新加坡国防与战略研究院发表演讲时首次提到“东向政策的第二阶段”。同年10月，在第二届印度—东盟峰会上，他正式宣布东向政策已迈入第二阶段。

限于东南亚国家自身的经济规模，印度和东南亚国家经济合作的实际效果有限。从1991年到2006年，印度吸引的外国直接投资前10个国家中，只有新加坡一个东南亚国家，而且仅处于第7位。[①] 东向战略第二阶段在经济方面的主要成果是“建立自由贸易区安排，并在该地区各国与印度间建立制度化的经济联系”[②]。其突出表现则为2010年1月1日印度—东盟自由贸易区的建立。这在印度东向战略的推进过程中具有重要意义。印度与东盟的经济合作得以制度化，印度已成为东盟经济发展中一个不可忽视的参与者。印度与东盟的全面经贸合作协定也已启动谈判进程，未来印度与东盟的经济联系将更为增强。

此外，印度还注重与东南亚国家进行双边自由贸易区的建立。在利用东盟平台的同时，印度凭借自身的地理位置特点与一些东南亚国家联合成立了基于地域特色的国家组织，如孟印缅斯泰经济合作组织以及恒河—湄公河经济合作组织。

在东向战略的第一阶段，印度在集中发展与东南亚国家的经济往来的同时，也并未忽视军事领域的合作。到第二阶段，印度与东南亚国家军事关系更为密切、深入。2004年，印度政府同意新加坡提出的在印度领空和领土举行军事演习的要求，这是印度首次给予外国军队此类许可。2006年印度派出10架战机与新加坡空军联合军演，这是印度战机首次进入东南亚执行军事任务，是战略层面推进的重要进展。

---

① India & Southeast Asia：Selected Statistical Indicators Institute for Defence Studies and Analyses，New Delhi，India，February 2007. 转引自赵干城《印度东向政策的发展及意义》，《当代亚太》2007年第8期。

② 张力：《印度迈出南亚——印度“东向政策”新阶段及与中国的利益关联》，《南亚研究季刊》2003年第4期。

越南和日本可称为印度东向战略第二阶段在战略层面的重点合作对象。越南因其在东盟国家中强大的军事实力、重要的战略位置以及与印度在地缘政治利益上的共同点而吸引了印度的关注。印度高层近年来在不同场合一再强调越南在印度东向战略中的重要性。2011 年 4 月印度外长克里希纳向越南外长表示越南在印度“东向”政策中扮演着重要角色，印度希望进一步推进两国的战略关系。[①] 印度的举动也得到了越南方面的回应。2011 年 8 月越南外长在与印度外长会晤时强调，越南支持印度的“东向”政策，希望印度在地区和国际事务中发挥更重要的作用。[②]

在两国高层认识到对方在自己外交目标中重要性的基础上，两国战略层面的合作不断推进，关系逐步密切。2003 年，两国成为全面合作伙伴，并启动外交部外交秘书级磋商和国防部部长级磋商。2007 年印越正式建立战略伙伴关系。2009 年，印越进行了首次战略对话，并签署防务谅解备忘录。2010 年，印度陆军总司令十年来首次访越。印度与越南军事交流密切，印方为越南提供苏式战斗机和舰艇的零配件，为其改造、升级老式的战斗机和舰艇，并为其培训相关人员。“印度在安全方面的具体收获是取得一个东进基地——印度海军以访越为理由经常出

① “VN, India seek to boost strategic partnership”, http: //www. vietnamembassy - brunei. org/vnemb. vn/tin_ hddn/ns110413085456.

② “Meeting between Foreign Minister and Indian Deputy Foreign Minister”, http: //www. mofa. gov. vn/en/nr040807104143/nr040807105001/ns110809092614 # dKmsAyrR2HhN.

现在南中国海。”①

印度与日本的安全合作也值得关注。印日两国2000年建立“全球伙伴关系”，2005年开始高级别战略对话，2007年发表《战略性全球伙伴关系新维度路线图》，2008年两国发表《安保联合宣言》，声明要应对“新的安全挑战和威胁”，2009年签署《深化安全合作行动计划》，2010年7月，两国首开“2+2”对话，即外交和防务部门的副部长级对话。

通过20年的经营，印度以经济合作为铺垫，逐渐加强战略渗透，在东亚甚至亚太地区的地位稳步上升。

二　经济与战略并重体现印度战略界不同派别的大国观

从东向战略的发展来看，印度用与东南亚拉近关系的手段由前期以经济为主演变到后期的战略加强。这是否说明启动之初，其用意在于“向东看”以寻找经济发展的出路，经济发展收到成效后才着眼于融入东亚与太平洋地区的战略诉求呢？很有可能的是，印度启动东向政策就并非完全出于经济考虑，在很大程度上也有战略考虑。这与印度国内战略界对于大国地位判定标准和实现途径的不同理解有关。

概括来讲，印度战略界对于国家间关系本质的理解存在着三种派别，有学者将其归类为尼赫鲁主义、新自由主义和超现实主义，也可通俗地称为鸽派、务实派和鹰派。其中尼赫鲁主义认为国家间关系可以通过接触而密切，新自由主义认为国家间关系可以通过经济往来和相对优势的互补而得到改善，而超

---

① 阮金之、曹云华：《印越战略伙伴关系：发展、动因及影响》，《南亚研究》2010年第2期。

现实主义相对悲观，认为国家间关系的本质就是无休止的竞争，威胁与反威胁是这一派对国家间关系的概括。① 在冷战结束后，国家间关系发生变化，印度在重新定位自己与其他国家关系的发展模式以及寻求提升国际地位、实现大国梦的途径时，印度战略界这三种不同观点对此有不同的见解和主张。鸽派认为应与其他国家发展友好关系，务实派认为经济发展是印度的第一要务，应该展开与其他国家的经济合作、学习先进经验，在增强印度经济实力的同时改善与其他国家的关系，通过经济实力的提高来提升国际地位，而鹰派基于对国家间关系的消极理解，仍以“威胁”来定义周边强于印度的国家，认为国土安全是大国梦想的根基，强调国家间关系发展的战略意义。在这种背景下，东向战略融合了不同派别的大国观，体现了鸽派与其他国家发展友好关系、扩展接触的主张，为务实派学习“东方国家”先进经验，与其合作搭建了舞台，同时也为鹰派维护印度的战略意义，增强与东南亚国家的战略联系提供了渠道。因此，东向战略的目的很难单纯用经济或战略来概括，而反映了不同派别的不同政策主张。

东向战略中经济接触的线索清晰可见，而战略联系的线索则逐渐明朗。在东向战略第一阶段的执行过程中，从表面来看，印度重在以经济途径加强与东盟老成员国的联系。柬埔寨、老挝、缅甸、越南这四国在东向政策启动后才陆续加入东盟。四国的政治制度有相似之处，并与西方政治制度存在较大差异，

① Kanti Bajpai, “Indian Strategic Culture”, in Michael R. Chambers ed. , South Asia in 2020: Future Strategic Balances and Alliances, p. 253, www. strategicstudiesinstitute. army. mil/pdffiles/pub108. pdf.

冷战时期与苏联关系较为密切，在地缘上均紧邻中国。它们尽管经济较为落后，然而战略上却不可忽视。是否可以这样解释，东向战略第一阶段印度对其的疏离并非完全出于经济优先的考虑。第一，印度进入东南亚时要首先采取易于接受的经济途径，而这些国家经济较为落后，如先与其密切联系，则暴露印度的战略动机。事实上，1994 年印度就已和越南就防务合作签署了一项协议。第二，这些国家地缘上离中国更近，与中国的关系较为密切，在与中国关系还未完全走上正常轨道时，如与这些国家密切往来需要谨慎对待。

在东向战略第二阶段中，印度与东盟已达成制度性安排，经过十年的经营，与东南亚国家的双边关系也较前密切。同时，印中关系也基本形成正常的国家间关系，而柬老缅越四国陆续加入东盟，更适于在东盟这一平台上发掘这四国的战略价值。如以缅甸和越南为例。缅甸长期以来由军政府执政，与中国关系较为密切，而印度则支持缅甸的反政府势力，对于中国在缅甸的影响力心存不满。鉴于缅甸与印度在地缘上的临近及其重要的战略位置，扩展在缅甸的影响力对印度具有重要的战略意义。越南对印度的吸引力则主要在于可以借助其以抗衡中国在地区日渐上升的影响力。印度学者认为，“由于其邻近中国的重要地缘战略位置，越南将是未来任何牵制中国霸权崛起战略的关键……印度和越南都曾与中国有过紧张关系，并存在边界纠纷，这使两国在对华政策上存在某种程度上的利益共同点……与越南的战略关系能够为印度提供向中国施压的良机……印越未来能够与其他有类似想法的国家约束中国寻求霸权的野心”①。

经济与战略都是东向战略的主要动因。甚至有这种可能，战略动因更为重要，而经济合作只是为战略渗入开道而已。而东向战略中经济与战略动机的共存，结合印度战略界对华的不同态度和对大国梦想的不同理解，形成对中国态度的两面性。

三 中国在印度大国梦想中扮演双重角色

印度战略界的三派对待中国的态度也有不同。鹰派，印度人民党的一部分、国防部与内政部基本属于此派，认为中国是对印度国家安全的威胁，与中国发展经济合作并不能削弱这种威胁；务实派，国大党、印度商界以及财政、商务相关的各部门基本属于此派，承认中国是长期的威胁，但主张印度应加强自身实力，同时谨慎地与中国展开合作；印共（马）和其他左翼政党则基本属于对华友好的鸽派。②

对于大国梦想理解的分歧主要体现在强硬派和务实派之间。由其主要构成部门可以看出，国家主权和领土完整在强硬派看来是大国梦想的根基。他们并非认识不到经济发展的重要性，

① Yogendra Singh, India – Vietnam Relations: The Road Ahead, Special Report No. 40, Institute of Peace and Conflict Studies (IPCS), India, April 2007, pp. 4 – 5。

② 参见 Mohan Malik, “Eyeing the Dragon: India’s China Debate”, Asia – Pacific Center for Security Studies, December 2003; Walter C. Ladwig III, “Delhi’s Pacific Ambition: Naval Power, ‘Look East,’ and India’s emerging Influence in the Asia – Pacific”, *Asian Security*, Vol. 5, No. 2, June 2009; Steven A. Hoffmann, “Perception and China Policy in India”, in Francine R. Frankel and Harry Harding eds., *The India – China Relationship: What the United States Need to Know*, Columbia University Press, 2004; 孙士海：《印度战略界对印巴、印中和印美关系的看法与政策主张》，见张蕴岭、孙士海主编《亚太地区发展报告 2005》，社会科学文献出版社 2006 年版。

只是如果国家主权不能得到保障，经济发展将是无源之水。而务实派也并非无视国家安全这一根本目标，他们认为经济实力是赢得大国地位的充要条件，通过提升经济实力赢得国际地位是实现大国梦想最有效的途径。而这种认识的差异加之他们对中国态度的不同，使得中国在印度大国梦中的作用具有多面性，也形成了印度东进政策中对中国态度的两面性。

务实派与强硬派的分歧在于前者更强调经济实力对于印度国家地位的重要性。中国，在他们看来，在印度通过提升经济实力实现大国梦想的过程中扮演着积极的角色。因此，务实派能够在承认中国对印度的“威胁”的同时主张与中国这一地区不可忽视的重要经济体展开合作。

务实派与强硬派对华的共识在于都认为中国是印度的威胁，尽管对于这种威胁是现实存在还是未来远景两派意见并不完全相同。中国在印度的大国梦中由此扮演了（潜在的）破坏者的角色。如印度决策者认为中国在长期来看是印度经济上的竞争者，而且很有可能是军事上的竞争者。[①] 印度外长曾经将中国的崛起描述为印度首要的安全挑战。[②] 基于这种认识，对于中国这一印度大国梦想的破坏者，鹰派观点认为，只有利用军事力量并对中国进行合围才是最有效的手段。印度应该率先建立一个反中国的联盟，联合塔吉克斯坦、吉尔吉斯斯坦、蒙古、日本、中国台湾、越南、菲律宾、澳大利亚、印度尼西亚、泰国以及

---

① Baldev R. Nayar and T. V. Paul, *India in the World Order: Searching for Major Power Status*, Cambridge: Cambridge University Press, 2003, p. 230.

② “Finally, Pranab Calls China a Challenge”, *Times of India*, November 5, 2008.

缅甸来共同应对中国。[①] 这就使得印度为走出南亚而向亚太地区释放影响的过程中将中国视为潜在的敌人而不是合作伙伴，也决定了在以战略途径融入亚太地区的进程中，印度更多地是与一些东南亚国家和日本等与中国有嫌隙甚至领土纷争的国家密切军事战略往来，如印度热衷于与越南和日本进行战略往来，以在某种程度上对于向中国倾斜的地缘战略格局形成一定的制衡与牵制作用。

印度在战略层面的大胆作为也与印度经济实力近年来迅猛上升有关。在印度推进东向战略的过程中，经济和战略诉求相互交织、密不可分，其深层推动力则是实现大国梦想的根本要求。中国是印度东向战略难以回避的重要因素，不仅与印度的战略、经济诉求紧密联系，在印度崛起为大国的进程中起到的作用更为复杂、多面。

四 印度东向战略对地区及中国的影响

在东盟提出“10+6”，将印度等东亚区域外国家纳入东亚合作的范畴内时，印度的域外身份还是一个引来争议的话题，而时至今日，印度已经成为东亚地区一个不容忽视的重要行为体。正在崛起的印度势力的进入，已经并将继续使东亚既有的权力格局发生变化，这也是地区国家必须接受并应积极面对的现实。

印度在东亚及亚太地区力量的上升，必然会对该地区已经形成的力量架构形成影响甚或挑战。出于所处的国际和地区地

① Mohan Malik，“Eyeing the Dragon：India's China Debate”，Asia – Pacific Center for Security Studies，December 2003，p. 2.

位的不同，印度对于地区秩序和世界秩序的要求与该地区其他主要行为体并不完全相同。印度学者总结道："美国需要单极世界和多极亚洲；中国寻求的是多极世界和单极亚洲；而印度和日本期待的是多极世界和多极亚洲。"[①] 这种差异有可能会引发地区主要行为体的交错反应，在力量平衡与博弈的基础上，很有可能会形成有印度参与的新的地区力量架构。印度也将由此成功成为东亚，甚至亚太地区新生的和主要的力量投射方，而不再仅仅是一个通过多种途径与东亚国家进行互动的区域外国家。

印度进入东亚所带来的挑战不仅仅是中国一国需要面对的，亚太地区主要的大国如美国和日本等都将面对。印度要做世界大国的雄心及其强劲的增长势头在长期看来必将影响到美国作为超级大国的利益。而印度对印度洋的控制以及对印度洋到太平洋之间海上通道的掌控野心将直接影响美国的海上行动。印度力量在东亚以及亚太地区的渗透与扩张的底线必然是不能威胁美国在该地区的利益。目前合作密切的日本与印度的关系也潜藏危机。印度海上力量的强大，将会给对海上交通依赖极大的日本的能源供应和经济发展带来威胁。同处亚洲、同样争取联合国安理会常任理事国席位的两国也存在竞争关系。这都决定了两国的合作不可能毫无间隙，日本必然会对印度力量的上升心存戒备，并会在必要时加以制约。

由于东向战略融合了印度战略界各派对于大国地位获得途径的不同理解，加之其对中国在印度大国梦中作用的不同定位，

① Brahma Chellaney, "Asia's Changing Power Dynamics", January 4, 2010, http: //www. project - syndicate. org/commentary/chellaney4/English.

目前印度东向战略在亚太地区推进过程中与中国相关的主要表现是，一方面，与那些和中国存在利益纠纷的国家保持紧密的战略联系，另一方面，维持与中国的经济联系，扩展并深化与中国的合作。随着印度东向战略在战略层面的深入，如插手对中国有着重要战略意义的南海事务等，印度在亚太力量的增长必然会为中国和中印关系的发展带来一定程度的挑战。

作为地区大国，中国必然会感受到印度的进入为地区权力架构带来的影响。同时，印度对中国的主观看法，特别是在印度战略界鹰派视中国为威胁的思维主导下，印度在进入东亚地区时将中国视为假想敌，对中国疑忌、制衡的心理显而易见。在这种思维主导下，经过印度决策层不同观点的博弈，印度有些行为可被解读为是刻意针对中国的。这也会使中国在印度东进的过程中感受到敌意。

印度进入东亚也为中印关系的发展带来新的挑战。中国与巴基斯坦的传统友好关系一直是印度的心病，“通过与越南发展类似于中国和巴基斯坦的紧密的地区盟友与安全伙伴关系，印度也能够以眼还眼，使北京尝到同样的滋味”①。对于印度与越南联合开发中越争议领海的油气资源，就有观点将其与中国在南亚与巴基斯坦发展关系对于印度的意义而类比，阐释为“印度可能在探索与中国相处的基本规则，希望能指导彼此在对方‘势力范围’内的行为，希望这套规则能够公平、持久，符合彼

① “Vietnam Keen on Forging New Strategic Equations”, *Hindustan Times*, June 28, 2007, http: //www. hindustantimes. com/StoryPage/Print/233348. aspx.

此的利益。问题在于中国是否也持这样的看法”[①]。

印度实力上升而带来的影响东扩是不可避免的，努力设法与印度和平共处，才有利于亚太地区的和平稳定，对处于上升期的中印两国也是最为有利的选择。对于印度出于特别针对中国的主观情绪而做出的带有敌对、制衡意味的举动，应该看到印度对中国的敌意来源与其他国家的区别，要化解或减少印度的敌意，首先要对这种敌意的形成原因进行充分的分析。在对此建构起充分认知的基础上才有可能消弭敌意，共享亚太地区的和平与繁荣。

① ［印］M.K. 巴德拉库马尔：《印度在中国“找茬”》，香港《亚洲时报》网站，2011年9月17日。

第五章　印度与美日中关系

毛　悦①

印度自20世纪90年代开始经济改革和外交政策调整后，积极发展与世界各主要国家的关系。莫迪总理2014年上台后，印度的大国外交尤其有声有色。印度与美国、日本、中国的高层会见、互访频繁。在中美寻找关系新模式的同时，印度也在积极寻求与中、美关系更为密切的基础上在两国之间寻求平衡，并使自身利益最大化。

第一节　印美关系

印度对美国而言有两个重要意义，一是印度作为南亚主导性大国对美国维护地区利益的重要性，二是随着印度的崛起，印度对于美国平衡中国影响的重要性也在上升。美国近年来积极开展与印度的合作，考虑到印度的国内需求，为印度“量身打造”了一些合作机会，在核问题上也对印度作出了让步。但美印之间还有一些分歧，印度坚持独立自主的外交政策而且心

① 毛悦，中国社会科学院亚太与全球战略研究院《南亚研究》编辑部副主任。

怀大国梦想，不会盲目成为美国的棋子，为美国利益服务。

一　印度在美国外交中的地位

在美国的战略视野中，印度经济规模巨大且增长迅速，占据重要的地缘战略位置，拥有民主政体，在国际事务中的作用越来越大。更重要的是，印度与俄罗斯和中国等既成大国在国际事务中相对固定的态度相比，更为灵活开放，对印度的战略投资将在未来使美国得到与其付出相比超值的回报。因此，美国对印政策的前提是印度在国际事务中的作用不断上升，其主要内容是保持并不断强化与印度的接触，特别是在军售、经济、教育、海洋、核问题等领域，保证美印关系的稳固性，同时对印度实力的增长给予帮助，使其能够在国际事务中直接或间接为美国利益服务。

印度至少在两个方面对美国的全球战略和亚太战略有着重要意义。第一，从短期来看，印度对于美国稳定阿富汗局势、平衡巴基斯坦在反恐斗争中的重要作用而言是一个不可替代的角色。在阿富汗问题上，美国对印度倚重会较多。与巴基斯坦的反恐合作进展的不顺利会使美国更为积极地看待印度在塑造阿富汗的政治和经济未来中的作用。美国认为，多年来印度政府已经通过重建援助和私人投资项目对阿富汗的发展做出了重要但却低调的贡献。美国呼吁印度作为“新丝绸之路”的基石，通过改善阿富汗的经济状况和扩大区域贸易来遏制暴力极端主义。在美国从阿富汗撤军之后，美国将会利用印度实现其对地区的战略构想，印度在美国外交战略中的重要性将会上升。同时，美国认为尽管巴基斯坦有经济压力和国内暴力问题，但谢里夫内阁最优先考虑的就是改善对印关系，而印巴关系的好转无疑对阿富汗形势的改善有助益。

第二，长期来看印度能够作为平衡中国崛起的地区力量，对美国继续维持在全球的霸权地位有着积极贡献。美国最重要的外交利益就是在全球维持其超级大国的地位，在这一意义上，中国的崛起是美国所面对的最重要的外部挑战。印度与中国的相似和与中国关系的复杂使其成为平衡中国力量的最佳选择。在印、美、中的实力对比不发生较大改变的前提下，美国将会乐于利用印度平衡中国在地区和全球的影响力。

美国亚太战略中的重点是应对中国崛起给美国霸权地位带来的挑战。因此印度在美国的亚太战略中不处于核心地位，只是一个可资利用的工具。美国对印的态度和认识明确，种种措施和做法还不能上升到战略的高度，应该说，是应时应事推出的具体政策。随着印度影响力和作用的上升，长期来看，或许有出现美国对印战略的可能性。

二　美印合作的主要领域

第一，阿富汗问题。美国政府认为印度在美国进行地区整合的新丝绸之路计划中起到领导作用。美国政府敦促印度避免直接介入阿富汗安全事务，而鼓励其通过提供武器、进行培训等方式来填补美撤军后留下的真空，以免刺激巴基斯坦。在阿富汗大选之前，美国希望印度利用和阿富汗政府以及卡尔扎伊本人的特殊关系鼓励其为选举做好准备，希望印度能够在阿富汗需要时给予设备或技术方面的支持，帮助阿富汗改善选举制度，为解决纠纷建立可行和独立的框架。美国希望能与印度合作鼓动阿富汗政治精英联合那些具有广泛的、非教派的吸引力，或者是在各教派之中都有感召力的候选人，以求未来形成在各教派都有影响力的新内阁。美国还希望印度利用其与伊朗的特殊关系，敦促伊朗新领导人以及最高领袖利用当前的有利时机，不要对美国和国际社会做出错误的考量。印度在与地区国家的特殊联系方面不仅限于在阿富汗的特殊作用，也有美国学者认为美印可以在缅甸问题上合作以巩固缅甸政治的新局面。

第二，核问题。根据印度当前的实力水平，美方认为在可预见的将来，印度将对全球范围内民用核材料、服务和技术的流动产生深远的影响，美方非常看重与印度在核方面的合作，认为印度在不扩散方面做出的努力有利于世界，而且印美双方核能公司与核能供应方之间的商业协议也将对两国产生实际利益。未来美国将会一方面通过官方敦促印度切实履行相关协议的承诺，另一方面通过商业公司与印度方面合作，在核问题上与印度保持密切接触。2015 年 1 月奥巴马访印时双方在核问题上也有重大突破。奥巴马动用总统特权，使印度免除美方对其核燃料进行跟踪检查，美方也承诺将支持印度分步骤成为“核供应国集团”等四个国际军控机构的正式成员。美方也在其他方面做出妥协，两国民用核能合作进入可启动商业操作的阶段。

第三，国防军售。美方特别看重对印军售，认为这是维护两国战略合作的重要途径，也是两国战略关系密切程度与双边信任程度的重要指标。由于高端武器系统的出售相当于买卖双方建立了多年的契约，两国在武器维护和开发方面会有长期的合作。美国总统奥巴马在 2015 年访印时双方签订的美印第二个十年框架协定把军备合作提升到联合生产、共同研发的新水平。

印度此前在军售方面一直强调并坚持“技术转让”的原则，美国的这一举动无论在象征意义上还是在实际意义上都对印度是非常重要的肯定和有实际意义的帮助，可以预见，印度对美国军备的依赖程度未来更将逐渐加强。

第四，教育。鉴于印度的人口规模和构成结构，在未来印度有大约 5 亿年轻人的教育问题。印度看好美国的社区大学模式，两国将在这方面进行合作，重点是提供教育机会，提高印度年轻人的技能水平，为就业做准备。两国还将在大规模在线开放课程等方面展开合作。

第五，海洋合作。美方认为和印度在亚洲以及印度洋、太平洋地区的和平、民主与稳定方面享有非常具体而相似的观点，美国的国家安全利益与印度在海洋问题以及更广泛的地区问题上重合。美国会通过与印度分享海洋生态环境保护等方面的经验参与印度的海洋事务，美国已经在帮助马尔代夫建立海洋保护区，很快将与印度、孟加拉国和斯里兰卡开展这方面的合作。美国还希望不仅通过美日印三边框架，而在更大的多边框架下推进此项合作，包括但不限于环印度洋区域合作联盟以及印度洋海军论坛。关于印度在海上的作用，美国学者的认识有分歧。从美国政府的态度看，似乎是期待印度在海上发挥重大的作用来牵制、影响中国。支持这一观点的美国学者认为应该扩展与印度的海上策划和联合海军演习。反对这一观点的美国学者则认为中国之所以近二十年来军事发展迅速，特别是对海上的影响力和武装能力的重视和发展，正是因为在陆上并无威胁使其分心，而印度正可以在陆地上牵制中国，拖缓中国海上军事实力增长的步伐。

第六，民间交流。美国将鼓励本国学生到印度求学，并设立了“连接印度”“印度护照”等项目供青年人到印度访问。美国还将创造机会为印度学生提供高科技培训。两国已就此举行峰会和双边对话会。

第七，清洁能源。美国将与印度展开在清洁能源方面的合作，过去两年半中已资助印度200千瓦时的太阳能。美国私人公司也在印度的清洁能源领域进行了上亿美元的投资。

为使印度积极发挥美国所期待的国际作用，美国政府也会对其能力发展给予扶持。首先，敦促印度政府尽快完成经济改革。在经济领域还要尽快结束美印双方关于双边投资条约的谈判，并寻找其他方式使双边贸易实现自由化，并可以为最终实现自贸区做一些准备工作。其次，帮助印度发展外交服务的能力，增加国际军事教育和培训的资金或者设立培训项目，使印度外交人员有机会在美国国会办公室工作，熟悉美国行政系统的运作，为美印合作消除行政机构磨合的障碍。再次，美印还会进行军事领域的合作。例如共享情报，特别是中国在边境地区的军队部署情况，向印度出售先进的武器装备等，这将为中国造成军事安全的潜在威胁。最后，在国际事务中，在不影响本国利益的前提下，美国也会采取对印度有利的政策倾向，并影响国际组织和国际社会。

三　美国对印政策实施中可能遇到的阻力及美方的解决办法

美国对印政策实施过程中可能遇到的阻力主要有以下几方面。

第一，印度经济增长动力不足，短期来看在美国国内会引发对政府重视印度国际作用的质疑，在长期则有可能影响印度进一步辐射影响力的动力源泉。对这一问题，美国一方面积极敦促印度政府尽快完成经济开放，另一方面也给予印度实际的资金和技术支持。

第二，印度行政机构庞杂，各种行政手续烦冗以及美印政府行政机构的磨合情况也将影响美国对印战略实施的效率。主要是印方还存在一些贸易壁垒，如知识产权、本地内容限制、对 FDI 的限制、税收等问题。印方已显示出决心放宽限制以提高外国直接投资的上限，但美方的企业家集团对印度的相关规定仍然抱有不满。在 FDI 方面的改革和双边投资协议的签订将使两国的创新、经济增长和就业机会的增加上一个新台阶。在国防军售方面，存在一些技术性问题，但也有政治性问题。

第三，美国在阿富汗问题上对印度的倾斜也存在风险，主要是会招致巴基斯坦的反对，而巴基斯坦在阿富汗问题上具有举足轻重的影响。如果巴反对，美印联手也很难稳定阿富汗的局面。巴可以停止政治和解，可以通过支持塔利班和对瓦济里斯坦的暴乱者放松控制加剧阿富汗的暴力动荡，还可以允许基地组织将联邦直辖部落地区作为策划反西方的恐怖袭击的避难所，或者发动虔诚军这样的组织在印度领土上发动袭击。即使美巴关系得到改善，巴政府也很有可能对美印的联手表示反对。美国敦促印度积极参与发展阿富汗的安全力量。印方在阿富汗对其武装力量进行的全面的军事训练，以及其他间接介入阿富汗安全的努力成果，也会平衡巴基斯坦在这个国家的力量。

第四，美印双方的猜疑和对双边关系短期回报的纠结会影响美国对印战略的落实。美印双边关系目前已从前几年关系迅速密切的蜜月期到了需要相互磨合的平台期。两国互有猜疑，印方认为美方在信息上不够透明，也对美巴关系和美国对巴方的重视耿耿于怀，更担心美国不能维护印度的核心利益，美国内部也对印度的作用存在争议。此外双方还存在对短期回报的计较，某些短视行为也会影响两国的配合。

此外，印度本身也有可能成为美国防范的对象和潜在的敌人。已有美国学者提出警示，认为单纯把印度看作是抵消中国崛起带来的影响的棋子是错误的，认为印度正在变得更为强大，中印两国对美国利益构成了不同类型的挑战。有美国学者认为中印的崛起更有可能为美国带来复合的挑战，特别是在维持可运作的多边机制和全球治理制度、应对动荡的国家和无赖政权、控制亚洲的区域安全竞争以及管理战略核武器动态和防止核武器扩散等方面。

四　美印合作的影响因素和未来走向

美国积极发展与印度的关系最重要的前提就是印度在国际社会的影响力不断上升，而印度的影响力在很大程度上以其经济力量作为依托。因此，印度的经济实力以及由此带来的国际影响力将是影响美国对印政策最重要的因素。没有这一点，印度对美国的利用价值将大大下降。

另一影响因素就是美印合作的效率，即印度是否能够贯彻美国的意图，其行为是否符合美国的利益。应该说，只要在较大程度上印度的行为有益于美国利益，这一合作就是有效的。而印度的外交自主性和两国交往过程中相关行政机构的配合将成为影响两国合作效率最重要的因素。作为一个民主政体，印度政府过于亲美的行为在国内必然会受到其他政治力量的质疑甚至声讨，这将是印度政府行为决策的有效约束。而如前所述，两国行政机构的配合也需要一定的磨合时间。

短期来看，由于受阿富汗问题的影响，美国将会较为重视印度的作用，与印度合作会较为积极。这一方面是一个双方磨合的过程，也是美国考验印度的效率和合作意愿的一次测验。印度也有意在阿富汗问题上与巴基斯坦展开竞争，维护自身利益，同时也愿意借此与美国密切关系。美印在阿富汗问题上的合作效率和成果将在很大程度上决定今后美国对印度的态度和两国关系的走向。

中期来看，美国会根据前一阶段对印度考核的结果来判断印度是否可以为其所用，并进一步决定与印度合作的范围和对印支持的力度。但在一些地缘相关的问题上，多少会利用印度特殊的地缘位置实现自身利益，比如在缅甸问题上，应对缅甸的政治发展和资源开发，美印有很大的合作可能。另外在印度洋的问题上，美国也会利用印度特殊的地缘位置与其展开合作以维护自身利益。

长期来看，美国在全球面对的最大的挑战就是中国的崛起和实力上升在客观上对美国超级大国地位形成的挑战。印度的资源禀赋决定了其具备大国的潜质，只要国内不发生大的政治动乱，经济没有大的下滑或崩溃，就可为美国所用来平衡中国。印度的实力维持在大多数国家之上，中国之下的阶段是其对美国最为有用的时期。

美国对印政策将为中国周边安全环境带来一些麻烦。首先，在中国的西方，美印在阿富汗问题上的合作将使中国西部的安全环境复杂化。一方面，美国借助印度实现其对中亚的构想，其与中国设想有冲突的部分必将影响中国利益。另一方面，中亚地区特别是阿富汗近年来的乱局会给中国西部的分离主义分子以可乘之机，如果中亚局势按照美国的意图布局，无疑将给恐怖分子和分离主义势力更大鼓励和更多机会。其次，在中国的东方，对于近年来与中国有领海纠纷的美国盟友及准盟友而言，美印关系的密切也将使印度建立与这些国家心理上的亲缘关系和现实中的接触意愿和联合基础，这将使中国相关问题的解决难度加大。最后，在地区层面上，印度虽然目前还不能与中国的影响力相比，但印度作用的上升和积极进入的态度也会使其成为地区国家在对中国不满时的另一选择和平衡工具，如果背后有美国的支持，印度在这方面的作用将更大，这在中长期有可能会使中国在一些问题上较为被动，议价能力下降。

第二节　印日关系

印度与日本被一些看好两国关系的人认为是“天然的盟友”。的确，两国在众多方面有共识。两国都看重海上利益与航线安全、两国政治制度相似，这都成为两国接近的推动力。而且，日本能够为印度发展带来助力。更重要的是，中国的存在使印日关系的密切多了更复杂的原因，日本与美国的特殊关系也推动印度密切对日关系，与美国及其盟友的接近对印度毫无疑问是有利的，这其中也有中国因素的作用。

一　印度与日本同样有重要的海上利益，护卫航线安全是两国的共同要求

作为一个经济迅速发展的大国，印度的对外贸易和能源需求都在飞速增长。而印度贸易量的97%依赖海上运输，印度能源需求的70%以上依赖海运进口。这一数字在2025年可望达到85%。[①] 因此，将海上运输线称为印度经济的“大动脉”并不算言过其实。作为岛国的日本同样面临这一问题。日本是世界上第二大能源消费国，是最大的原油和液化天然气进口国。[②] 而日本石油进口的92%来自于西亚和非洲[③]，因此，经过印度洋的国际航线对于日本经济至关重要。由此看来，海上航线的安全对印度和日本两国来说，首先是经济维持和发展的必需。印度驻日本大使塞特认为，单为维护从霍尔木兹海峡到马六甲海峡之间广阔印度洋的安全与和平，日印两国就必须进行合作。[④] 在这一点上的共识，使两国的海上合作成为可能。两国之间的海上合作始于1999年的一次突发事件，当时日本的一艘货轮遭海盗劫持，在印度海军的帮助下货轮获救。2000年起，印度海岸警备队与日本海上保安厅即开始了每年一次的针对海盗和海

① Gurpreet S. Khurana, “Security of Sea Lines: Prospects for India - Japan Cooperation”, *Strategic Analysis*, Vol. 31, No. 1, Jan. - Feb. 2007, p. 140.

② 马樱：《印日关系：从平淡到全球性伙伴》，《当代亚太》2003年第9期，第20页。

③ Gurpreet S. Khurana, “Security of Sea Lines: Prospects for India - Japan Cooperation”, *Strategic Analysis*, Vol. 31, No. 1, Jan. - Feb. 2007, p. 140.

④ 马樱：《印日关系：从平淡到全球性伙伴》，《当代亚太》2003年第9期，第21页。

上恐怖活动的联合海上演习。[①] 除海上军事演习外，两国之间的陆上和空中演习也非常频繁。两国还多次共同参加美国组织，亚洲、大洋洲多国参加的联合军事演习。

此外，“9·11”事件后，活动在印度洋上的日本海上自卫队舰艇为支援美国在阿富汗进行的反恐战争，从印度的孟买采购石油，补充给美国舰艇。同时，日本海上自卫队舰艇的换防交接也在印度南部的科钦进行。[②] 这充分显示了两国之间的军事互信。可以说，印度与日本之间的军事合作发源于保卫海上航线的共同需要，而逐渐深化、扩展为抵御外部风险的安全合作意识与行为。

二　日本是亚洲经济大国，其资金与技术支持对印度的经济发展非常重要

印度 1991 年开始经济改革，其中大力吸引外资是印度经济改革政策中的重要一环。印度建国后相当长时间内，出于保护民族经济的目的，对于外国投资多有限制。这一局面在经济改革初期即有改观。1991—1995 年的四年间，印度共吸收外资 147.5 亿美元，是 1991 年前印度吸收外资额的近四倍。[③]

日本是亚洲最发达的经济体，与印度的经济往来可分为对印直接投资、印日双边贸易以及对印官方发展援助三部分。其

---

① Gurpreet S. Khurana, “Security of Sea Lines: Prospects for India - Japan Cooperation”, *Strategic Analysis*, Vol. 31, No. 1, Jan. - Feb. 2007, p. 140.

② 马樱：《印日关系：从平淡到全球性伙伴》，《当代亚太》2003 年第 9 期，第 19 页。

③ 吴永年、赵干城、马樱：《21 世纪印度外交新论》，上海译文出版社 2004 年版，第 39 页。

对印度的直接投资始于20世纪50年代，但数量很少，投资领域也极其有限。日本对印度的直接投资在90年代有所增长。据统计，从1951年到1996年，日本对印度的直接投资为1080亿日元，占日本对外直接投资总额的0.03%。[①] 近年来，日本对印度的直接投资有显著增加。根据日本财务部的统计，2006年日本的对印直接投资（FDI）为598亿日元（合5.155亿美元），是2005年298亿日元的对印直接投资的两倍。2006年日本对印度的FDI是两国历史上的最高值，甚至超过了1997年时创纪录的4.884亿美元。[②]

自1986年以来（1990年除外），日本一直是印度双边官方发展援助的最大捐助国。[③] 从2003年开始，印度取代中国成为接受日本日元贷款（ODA）最多的国家。[④] 而且此后贷款额逐年大幅增加。2003年度总额为1250.4亿日元，相当于当年日本对外日元贷款总额的20%、印度接受外国政府贷款总额的17.5%。2004年为1366.66亿日元，比上年增加9.3%，相当于当年日元贷款总额的19.2%、印度接受外国政府贷款总额的24.7%。2005年为1554.58亿日元，增加13.8%，相当于当年

---

① Hideki, Esho, "India's New Economic Policy and the Japanese Response", in Kesavan and Varma, eds., *Japan - South Asia: Security and Economic Perspectives*, New Delhi, Lancer's Books, 2000, p. 237. 转引自马樱《印日关系：从平淡到全球性伙伴》，《当代亚太》2003年第9期，第21页。

② 日本驻印度使馆网站，http://www.in.emb-japan.go.jp/Japan-India-Relations/JapanActiveEngagement2007.html。

③ 马樱：《印日关系：从平淡到全球性伙伴》，《当代亚太》2003年第9期，第19页。

④ 赵阶琦：《日本加强对印外交的背景与前景》，《日本学刊》2006年第6期，第69页。

日元贷款总额的 27.4%、印度接受外国政府贷款总额的 24.7%。[①] 而同期日本对中国的日元贷款每年递减 20%。[②]

但两国的贸易额不高，占对方进出口贸易总额的比重也较低。从 1997 年到 2002 年双边贸易总额一直徘徊在 40 亿美元上下。2003 年开始恢复性增长，当年为 43.8 亿美元，2004 年为 49.8 亿美元，2005 年达到 68 亿美元。2005 年，日本对印进口额在印度出口总额中占 2.5%，居第 10 位；日本对印出口额在印度进口总额中占 2.8%，也居第 10 位。而印度对日进口额在日本出口总额中占 0.5%，居第 26 位；印度对日出口额在日本进口总额中占 0.6%，居第 29 位。[③]

三　日本与美国关系密切，与中国政治关系紧张

独立之初，印度外交奉行尼赫鲁倡导的“不结盟政策”，在美苏两大国之间周旋。而英·甘地执政期间，印度在冷战的大背景下选择了苏联，1971 年的《印苏和平友好条约》可视为印苏结盟的标志。这一时期，印度外交风格咄咄逼人，使其众多南亚弱小邻国感到了敌意。为了改变这种在南亚四面树敌的局面，“古吉拉尔主义”应运而生。这一外交理念的核心是“印度可以采取不对等原则与邻国搞好关系，以求共同发展和为本地

---

① 日印联合研究会：《日印共同研究报告》，2006 年 6 月，http://www.mofa.go.jp/mofaj/area/india/jin-kenkyo.html，转引自赵阶琦《日本加强对印外交的背景与前景》，《日本学刊》2006 年第 6 期，第 72 页。

② 赵阶琦：《日本加强对印外交的背景与前景》，《日本学刊》2006 年第 6 期，第 72 页。

③ 同上书，第 71 页。

区的和平稳定做出贡献”①。尽管古吉拉尔主义基于印度立足南亚、走向世界的大国追求，但在实行过程中，的确大大改善了印度与南亚邻国的关系。而印度人民党执政后，印度的外交政策全面走向务实化。与唯一的超级大国——美国的接近，成为印度务实外交的重要表现。“9・11”事件后，印度积极支持美国的反恐斗争，印美关系发展更加迅速。印度发展对美关系主要原因有三：印度要实现大国梦需要得到超级大国美国的认可；印度的经济发展需要美国的资金技术支持；在战略安全考量上，印度在地区事务上需要美国的支持与合作。而日本是美国在亚洲最为忠实的盟友，与日本关系的密切对印度来说意味着从另一途径接近美国。

同时，在历史阴影的笼罩下和现实纠纷的萦绕中，中日关系在21世纪最初的几年中多有起伏。2001年的历史教科书风波和小泉参拜靖国神社事件，以及中日之间首次出现的贸易摩擦都使新世纪的中日关系笼上了一层阴影。小泉首相不断参拜靖国神社，使中日关系在2003年陷入“政冷经热”的尴尬境地。这种局面在几年中一直持续，不但政治关系没有好转，经济关系甚至有所退步。2005年中日贸易增长百分比低于同期中国对外贸易的平均增长水平。直至2006年安倍上任伊始对中国进行的“破冰之旅”和2007年4月温家宝总理对日本的“融冰之旅”，中日关系才出现和缓的迹象。但中日之间的坚冰要彻底消融，绝非一日之功。鉴于中日关系的复杂性，中日的和解过程

① 吴永年、赵干城、马樱：《21世纪印度外交新论》，上海译文出版社2004年版，第75页。

还存在很大的不确定性。[①] 在相当长时间内，中日关系能持续保持“竞争中合作”的态势，已是乐观估计的结果。

在这种情况下，客观地说，尽管日本对于印度有其他经济、安全上的重要意义，但中日之间的不和谐使日本对于印度的其他重要性更加凸显，日本成为了印度一个更加完美的亚洲合作伙伴。或者说，对于中国怀有安全顾虑的印度选择与日本接近原因很多，对于中国的考虑可能只是其中之一，但中国因素一定存在，而且是印度与日本发展关系的重要原因之一。

四　印度与日本在政治制度上相似，有共同的价值观

日本积极地将印度纳入东亚合作的进程中，其中价值观的考量也是重要的一环。在安倍执政时期，日本对外政治中出现了“价值观外交”的高潮。2007 年 8 月 22 日，安倍首相在印度国会做了题为《两洋的交汇》的演讲，认为日本和印度是两大“民主主义国家”，太平洋和印度洋是“自由与繁荣之海”，日本外交正在欧亚大陆周边推动建立“自由与繁荣之弧”，如今日本和印度要成为其“核心”，共同建设“大亚洲”和“自由与繁荣之海”。[②] 在竞选期间，安倍还建议每年举行一次日美印澳首脑或外长级对话会议，以便在亚洲携手推广“共同价值观”。[③] 日本驻印官员也认为：“东亚共同体必须建立在民主和

① 参见金熙德主编《21 世纪的中日关系》，重庆出版社 2007 年版，第 84—121 页。

② 日本外务省网站，www. mofa. go. jp，转引自金熙德《经济利益·地缘政治·意识形态——二战后日本对华外交基点的摇摆》，《当代亚太》2008 年第 1 期。

③ 《日本经济新闻》2006 年 7 月 19 日、2006 年 4 月 4 日，转引自赵阶琦《日本加强对印外交的背景与前景》，《日本学刊》2006 年第 6 期，第 69 页。

开放的市场经济这样的共同价值和国际准则之上……日本和印度在精神上有强烈的亲近感，两国间友谊历史悠久，从无纷争。”[①] 而中国在意识形态和政治体制上与世界大多数国家都存在较大差异，并不具备与印度在政治意义上的亲近感。中印友谊历史可谓悠久，但“从无纷争”却是谈不上的。

日本对于本不属于东亚国家的印度加入东亚合作进程如此热心，不能说没有排斥中国的考虑。而印度对于自己的民主制度一向引以为荣，对于同为民主制度阵营一员的日本一定有着天然的亲切感。在这个意义上说，共同的政治价值观使印度和日本成为天然的盟友。印日合作在思想基础上存在可能性。印度的战略家切拉尼称，“（日本和印度）是天然盟友。它们没有基本的利益冲突，只有利益的共性”，“都极大地依赖西亚的石油，因此都同样关注印度洋的这一通道的安全”，“都不能依靠单打独斗来平衡亚洲的力量格局”，为此两国应加强战略合作，“开辟稳定的互利关系的新时代”。[②] 这段评论精辟地概括了印度和日本关系的特征——只有利益共性的天然盟友。在印日关系中，毫无疑问，合作与支持多于冲突与竞争。

第三节 中印关系

近年来，中印关系维持着竞争与合作并存的局面。一方面，

① Toshio Yamamoto, “The Road to an East Asian Community”, *The Hindu*, Nov. 29, 2005.

② 《印度斯坦时报》2000 年 8 月 9 日，转引自马加力《关注印度——崛起中的大国》，天津人民出版社 2002 年版，第 153—154 页。

在经济互动中相互依赖增强，另一方面，双方在包括经济领域在内的诸多领域以及在地区和国际影响力方面也存在竞争。而且，中印边界问题至今未能得到妥善解决，这不仅是中印关系中一个重大的问题，也对地区安全产生重要影响。中方积极寻求发展与印度的良好关系，但印度对“一带一路”和“亚投行”的态度反映了印度对华关系中的一些惯性思维方式，而印度对这两者态度的差异也反映了印度对华态度的两面性。中印关系未来的发展趋势在一定程度上将由两国的相对实力决定。在未来相当长一段时期内，中印关系仍将在良性轨道上发展，尽管不时会有小摩擦，但不影响双边关系整体上积极向好发展。

一　新时期的中印关系：竞争与合作并存

在印度向着大国目标进发的途中，对印度启动经济改革具有促进和激励作用的东亚国家，特别是中国，在印度经济增长的过程中扮演着更为复杂的角色。中国对印度的特殊作用，其原因在于与印度的特殊关系及相似的国情。而最重要的是，在印度世界观转变的基础上，与中国在经济领域的互动和对中国经验的吸收，对于两国关系的发展起到了积极的推动作用。但不可否认，尽管印度自身观念的转变撕去了中国的“敌人”标签，然而两国关系仍然是一个复杂的多面体，竞争替代冲突，成为两国关系中新的一面。

1. 中印关系在经济互动中良性发展

经济联系可以成为一种外交手段，贸易交往可以密切国家间关系，在关键时刻可以成为两国关系的突破口。中印关系的发展正验证了这一点。中印关系通过贸易联系得以密切，也使印度亲自见证了经济外交的重要性。在认可经济实力通向大国地位的前提下，向中国学习经济外交，积极寻求与中国的经济合作，进而扩展到两国在其他领域的合作以及印度与其他国家的合作，成为印度的新世界观和新的大国发展道路选择从理论到实践的重要发展时期。

印中两国的交往在历史上主要体现为宗教文化方面的交流，双方的经济交流乏善可陈。1962 年边境战争之后中印双边贸易停滞，直到 1977 年才重新开始。[①] 中国“文化大革命”结束后，双方逐渐恢复了双边贸易。90 年代初印度开始经济改革，恰逢冷战后区域经济一体化的浪潮，这为印度经济发展彻底摆脱自给自足的旧有模式提供了良机，也为中印之间的经济合作提供了契机。印度学者也认为，“在短期，凑巧同时发生的印度和中国的现代化为两国的合作关系提供了最好的平台”[②]。

贸易在中印关系改善中所起到的作用似乎成为中国为印度量身定做的一本经济外交的教科书，使印度人领会到了经济外交的强大魅力。中印关系也许是世界上最复杂的双边关系之一，时至今日，中印关系中消极的因素似乎比积极的因素更多更明显，但中国首先摆出姿态，搁置争议，先发展与印度的经济关系。“中国的领导人并没有忘记与印度在政治上的差异，也不打算完全放弃领土要求。然而，他们选择将这些差异置于比扩大商贸往来更加次要的地位。通过经济往来和重商主义的外交政

① T. N. Srinivasan, “Economic Reforms and Global Integration”, in Francine R. Frankel and Harry Harding eds., *The India – China Relationship: What the United States Needs to Know*, Columbia University Press, 2004, p. 254.

② Nimmi Kurian, *Emerging China and India's Policy Options*, Lancer Publishers & Distributors, 2001, p. 202.

策——不仅跨越了边界，而且根本就是将它们搁到一边来做生意——中国改善了其与美国和包括越南在内的大部分邻国的政治关系。”① 两国关系的特殊性加之印度国内各政治派别和压力集团对中国的态度不尽相同，对于是否要与中国开展并加强经济联系，印度国内也经历了一番论战。刚刚开始经济自由化努力的印度对于已经走上有中国特色的社会主义道路的邻邦的迅速发展很自然地产生了疑虑，甚至恐慌。但随着时间的推移，以及在印度商界人士的影响下，与中国发展经济关系这一主张逐渐在印度战略界中占据了主流。有印度学者也对这一时期印度的观念转变进行了分析，“在‘印地—秦尼—巴依巴依’的梦幻下看待中国和认为中国是难以宽恕的敌人，不能与之做生意是同样错误的”②。这一分析彰显了当时印度国内对中国态度的转变：从视中国为密友和仇敌的两个极端渐渐向更加务实的中间观点靠拢。

在印度做出了与中国合作的选择并不断坚定信心坚持这一选择的过程中，印中贸易额持续攀升，印度学者也敏锐地观察到了这一点，并对此不无得意，由于贸易和投资联系有助于建立持久的利益网络，应该努力扩展并加强两国的经济合作。90年代，这一潮流开始逆转，两国的相互贸易稳步增长。这种势头在21世纪不断上升。“2000年，中印间的贸易额不到20亿美元，但到了2006年，已经逼近200亿美元。尽管这只是中国对

---

① ［印］桑贾亚·巴鲁：《印度崛起的战略影响》，黄少卿译，中信出版社2008年版，第278页。

② Nimmi Kurian, *Emerging China and India's Policy Options*, Lancer Publishers & Distributors, 2001, p. 160.

外贸易总额的一小部分，但印度现已成为中国发展最快的贸易伙伴，反之亦然。中国对大宗商品的巨大需求拉动了新贸易的增长，包括铁矿石和钢铁，而印度则大幅提高其出口量。”①

双边贸易为印度带来的不仅是直接的经济收益，也有心理上的鼓励和安慰。第一，使印度在面对巴基斯坦以及应对中巴关系时更加自信。1994 年印度取代了中国长期的、“全天候的”盟友巴基斯坦成为中国在南亚的最大贸易伙伴，这为印度在应对中巴关系时提供了一种心理慰藉。第二，使贸易成为中印间最强大的信心建立机制，在某种程度上缓和了中印关系。两国的双边贸易不仅是建立信心的工具，还是测量两国持续的不信任和怀疑的晴雨表。② 伴随着统计数据的变化，两国或许是有些惊喜的发现，贸易尽管并不能消除两国间固有的政治安全领域的分歧，但已经成为两国关系中的信任建立机制，成为联络两国关系的重要纽带，甚至是支柱。而印度心理安全感的建立和中印关系的缓和对于中印贸易额进一步攀升以及印度进一步扩大加深与其他国家的经济交往无疑有着积极的推进作用。“中印贸易总是由两国寻求互利的原则所指引。这使得中印贸易成为比外交政策更为强大的工具，也成为两国逐渐增长关于双方的福利与繁荣的利益的推动器。毫无疑问，与两国的规模和增长速度以及各自的外贸总量相比，中印双边贸易额还较小。但是，从建立互信的角度来看，两国的贸易，特别是边境贸易切实地增加了两国的货物和人员流动，因此

① ［英］爱德华·卢斯：《不顾诸神：现代印度的奇怪崛起》，张淑芳译，中信出版社 2007 年版，第 207—208 页。

② Swaran Singh, *China - South Asia*: *Issues*, *Equations*, *Policies*, Lancer's Books, 2003, p. 142.

巩固了两国与边境相关的信心建立机制，以确保边境地区的和平。这当然对于两国的边境管理有着直接的积极影响。”① 中印双边贸易的发展对于中印关系的建设性作用使印度认识到贸易对于外交的重要作用，“印度和中国都在努力运用经贸关系作为改善双边关系的手段，双方对两国划界的分歧已经处于次要地位。尽管政治分歧仍在，中国仍然希望能够改善与印度的贸易关系，这迫使巴基斯坦在商业领域同样能够有所发展，并且不将此问题与克什米尔问题联系起来。中国加入世界贸易组织这一事实在地区层面和多边层面都对印度构成了重大外交挑战。中国积极谋求建立‘亚洲自由贸易区’和设立‘亚洲货币单位’，这都让印度感受到巨大压力。因此，对于印度如何将已有经济成就转变成有利于外交政策的财富而言，提高印度的贸易竞争能力仍然是一个具有深远影响的战略挑战。”②

印中两国贸易量的不断上升，不仅有力地推动了两国各自的经济发展，也使这一贸易关系吸引了世界更多的关注，也使经济改革晚于中国的印度像前者一样迅速融入地区经济一体化进程中，并试图与区域外的经济体发展深层关系。“假设在未来5—10年内中印两国的经济都稳步发展，当然这极有可能，那么两国间贸易额的不断增长，将使中印贸易成为世界最重要的贸易关系之一，甚至将是世界最大的贸易关系。在新的外交方针中，两国均把经贸置于核心地位。如今，创建‘自由贸易协定’

① Swaran Singh, *China - South Asia: Issues, Equations, Policies*, Lancer's Books, 2003, p. 141

② ［印］桑贾亚·巴鲁：《印度崛起的战略影响》，黄少卿译，中信出版社2008年版，第25页。

的谈判成为双方的外交重点。中国领先于印度，但后者正迎头赶上，两个国家都已与东盟达成贸易协定，同时，印度也希望效仿中国，与南美洲发展经贸关系。在全球层面，中国、印度、巴西和南非领导着20国集团，这是一个由20个发展中国家组成的联盟，它已成为世界贸易自由化谈判中举足轻重的一员。中国与印度间也有可能达成双边贸易协定，尽管这尚需几年的时间谈判。"① "从霍尔木兹海峡到马六甲海峡，印度与其广大亚洲邻邦的关系一直在改善。其原因部分是由于印度自身的经济增长和在对外贸易与投资方面采取了更加开放的政策；部分也是因为与美国和中国的关系得到了改善。"②

表5－1　　中印贸易额　　（单位：亿美元）

	2007	2008	2009	2010	2012	2013	2014
中国从印度进口	146	203	137	208	148	145	133
中国向印度出口	240	316	297	409	539	513	582

资料来源：2007—2010年数据来自中国国家统计局《金砖国家联合统计手册2011》，2011年4月发布，第133页；2012—2014年数据来自中国商务部网站《国别贸易报告》。

印中经济交流的不断扩大使印度受益，摆脱了桎梏走上经济自由化道路的印度人受到鼓舞，并进一步坚定了与中国发展经济关系的信心，"印度已经发现，它与中国有相似的战略性的

① ［英］爱德华·卢斯：《不顾诸神：现代印度的奇怪崛起》，张淑芳译，中信出版社2007年版，第208页。

② ［印］桑贾亚·巴鲁：《印度崛起的战略影响》，黄少卿译，中信出版社2008年版，第277页。

经济利益。事实上，双边的经济、贸易潜能，是关系升温背后决定性的推动力。此后，经济发展的逻辑将带动政治进程……印度和中国已经认识到，双方能够从经济合作中赢得更多”[①]。在印度战略界对这一问题达成广泛的共识的同时，学界更是开始了对中印之间未来可能的合作领域进行广泛的讨论。[②]

与中国的经济合作使印度得到了实实在在的利益。2003 年印度战略界在反思印中的这种合作关系时感叹：印度与俄罗斯是战略盟友，与中国则是战略竞争对手。俄罗斯让印度感到更加安全，而中国让印度更缺少安全感……俄罗斯和印度是朋友，但是双方都没有让对方得到什么实惠。中国和印度尽管彼此争吵，然而，不管怎么说，大家互相都赚了很多钱。中国已经成为印度仅次于美国的第二大贸易伙伴国，而俄罗斯则快要从印度的贸易地图中消失了。[③] 这种态度反映了印度战略界抛开旧有观念，更加务实地看待中国的经济发展对印度经济发展有作用与影响。而这一务实观点显然认为与中国的合作使印度在经济上获益良多。而中印之间贸易的开展更是由中国率先解放思想、抛弃与印度过往的恩怨，与时俱进，顺应了经济发展区域化、

---

① ［德］卡尔·皮尔尼：《印度中国如何改变世界》，陈黎译，国际文化出版公司 2008 年版，第 172 页。

② 如有印度学者探讨了中印之间可能进行的各种合作领域和方式，包括经济领域、重建古代丝绸之路以及在国际舞台上的合作等，见 Nimmi Kurian, *Emerging China and India's Policy Options*, Lancer Publishers & Distributors, 2001, pp. 176 – 186。再如，有学者详细论述了中印之间可能进行合作的企业以及未来具有合作潜力的领域等。Swaran Singh, *China – South Asia: Issues, Equations, Policies*, Lancer's Books, 2003, pp. 142 – 144.

③ ［印］桑贾亚·巴鲁：《印度崛起的战略影响》，黄少卿译，中信出版社 2008 年版，第 288 页。另外，中国在 2008 年已经取代美国成为印度最大的贸易伙伴国。

全球化的潮流，并抓住这一机遇使自己受益的同时更使印度受益。对此，印度也有清晰的认识。“在很大程度上，中国领导人提出的务实主义的建议，即搁置边界冲突，加强经济联系，引发了中印贸易关系的戏剧性增长。”① 由此可见中国经济发展通过中印贸易等方式对印度经济发展的直接推动。更重要的是，这不仅是印度对中国的大国模式的接受，也是对这一模式的初步实践。

也有观点认为，经贸关系在密切国家间关系中所起的作用是表层的、肤浅的，在深化两国的互信或使两国关系发生本质变化方面的功能有限。但是，积极地进行经济合作，对于两国间增进了解必定是有助益的，即便是展开经济竞争，也说明彼此间有着一定的了解，对于某一具体领域内的整体情况也进行了相当程度的关注。这样的竞争与合作总好过老死不相往来的隔绝状态。“西方评论家认为，稳固的经贸关系能消除国与国之间的冲突。对于印度与中国而言，这个问题虽然还有待商榷，但至少中印间保持稳固的经贸关系总没有坏处。两国相差甚远的思维模式形成截然不同的见解，导致了 1962 年战争的爆发。印度不再那么理想化，它更关注自己的国家利益，而不是第三世界的团结。”②

总体而言，中印关系通过经贸合作得到改善的经历对于印度新世界观的确认和完善、大国发展道路从理论到实践的过程

① ［印］杰伦·兰密施：《理解 CHINDIA：关于中国与印度的思考》，蔡枫、董方峰译，宁夏人民出版社 2006 年版，第 75 页。

② ［英］爱德华·卢斯：《不顾诸神：现代印度的奇怪崛起》，张淑芳译，中信出版社 2007 年版，第 209 页。

都具有重要的借鉴作用。中国在这一过程中扮演了互动者的角色，即通过与印度的互动而使其体会到中国式大国发展道路为其已经带来的利益和未来的发展空间。中国的这一作用对于印度经济增长无疑具有重要的推动作用。

2. 中印关系发展中的竞争

在印度提高经济实力、扩展与其他国家经济联系的过程中，与中国进行合作势在必行，产生竞争也理所应当。合作并不意味着中印之间不存在矛盾和分歧，竞争也不说明中印处于敌对和斗争状态。如果一定要将竞争与合作区分开来看，那么印度面对中国的心态决定了其选择：看到中国发展给印度带来的机遇即有可能主张中印合作，质疑中国的发展、认为中国的发展给印度带来冲击和障碍的则有可能认为中国是竞争对手。客观地看，印度看待中国的心态是复杂的、多层面的，很难说有纯粹的赞赏和欣羡，而认为中国是威胁、质疑中国发展的前提其实已经承认了中国的经济成就。这种复杂的心态也决定了印度与中国的经济关系不是纯粹的合作或竞争，而是竞争与合作混杂在一起的复杂模式，乐观人士认为是竞争中合作，悲观人士则认为是合作中竞争。

在经济层面上，如果说经济合作特别是外贸额的增加是中国因素对印度经济发展的直接推动，那么印度将中国视为竞争对手而与之展开的经济领域的竞争则是中国因素对印度经济发展的间接推动力。中国的存在及其发展领先于印度的事实对印度经济增长无疑具有刺激作用，而两国国情相似又同样处在上升期，也通过竞争的方式激励着印度的经济发展。中国的激励者角色由此可见。

经济增长速度的不断攀升坚定了印度领导层开放经济、将经济发展作为第一要务的信心和决心。而不断发展的强大的中国经济也成为推动印度经济持续发展的另一推动力。“中国人和印度人越来越相信市场经济，忘记了以前的资本主义和殖民地剥削制度所造成的感觉。从这个信念中释放出来的力量，足以支持经济持续的发展，同样，还有一个推动力，来自两个大国的竞争，这一点主要在印度可以非常明显的感觉到。”①

而对于同样快速发展的两个发展中大国间可能产生的竞争，也有印度学者做出了务实而理智的分析，认为竞争不应影响两国间的合作，合作才是对印度国家利益最有利的选择。“在中期到长期，快速现代化的印度和中国会发现一些合作的机会，也会发现一些竞争的机会。正如在共同利益领域的合作不能代替利益有分歧的领域的竞争一样，竞争与对手关系不需要也不应该阻止可能进行的合作。只有双边关系不再受限于任何一个因素，政策错误才可以避免。只有印度在决策中做出平衡，才可能避免国家利益的妥协。”②

中印经济合作的不断扩大和贸易额的持续攀升并不能掩盖印度将中国作为竞争对手的事实。印度对中国在安全层面的戒心、印度的大国抱负和印度对中国改革意图的误解都使其在与中国合作的同时心存戒备，担心中国的迅速发展会挤压自己的发展空间，加之中印国情又有诸多相似之处，从而使印度将中

① ［德］卡尔·皮尔尼：《印度中国如何改变世界》，陈黎译，国际文化出版公司2008年版，第164页。

② Nimmi Kurian, *Emerging China and India's Policy Options*, Lancer Publishers & Distributors, 2001, pp. 202 – 203.

国视为自己的竞争对手。对此，尽管中印官方都表态，认为世界有足够的空间让中印共同发展，但客观来讲，中印之间在某些问题上确实存在着不同程度的竞争。印度学者认为，不能期盼印中关系中没有竞争因素，考虑到两国各自的规模、巨大的资源基础、加强各自权力映射能力的抱负，特别是两国处在同一地缘战略区域内，这种内在的本质会不可挽回地将两国推向提高各自的经济、军事和在地区的外交作用及影响，并采取应对的策略，旨在以对方为代价建立自己的影响。因此，印度和中国都将会寻求增强自己在对方周边区域的影响，即东南亚和南亚。两国都会相互竞争以获得对市场、资金来源和技术的控制。①

中印展开竞争的领域有许多方面：即使是在信息技术这一领域也存在两国的竞争，即使官员们认为这是未来两国合作的领域之一。② 印度在许多劳动密集型产品（包括纺织品和服装）的世界市场上与中国竞争，但似乎中国在赢得竞争的胜利。③ 由于两国目前都致力于将自己的经济融入世界经济，两国在世界其他地方的市场就出口和外部资金展开竞争。④ 中印在世界贸易

① Nimmi Kurian, *Emerging China and India's Policy Options*, Lancer Publishers &Distributors, 2001, p. 139.

② Mark W. Frazier, "Quiet Competition and the Future of Sino - Indian Relations", in Francine R. Frankel and Harry Harding eds., *The India - China Relationship: What the United States Needs to Know*, Columbia University Press, 2004, p. 308.

③ T. N. Srinivasan, "Economic Reforms and Global Integration", in Francine R. Frankel and Harry Harding eds., *The India - China Relationship: What the United States Needs to Know*, Columbia University Press, 2004, p. 256.

④ Ibid., p. 220.

组织（WTO）框架内还存在着贸易竞争。[①] 历史上，中印之间的经济互动与两国之间的文化交流相比并不那么重要。其中部分原因是因为越过喜马拉雅山的交通成本太高。1962 年的边境战争及随后双边政治关系的恶化，有效地消除了两国之间的贸易和其他经济关系。尽管在 20 世纪 90 年代双边贸易快速增长，进入对方市场的前景也很好，这些现象都是最近才发生的。一方面，随着中国加入 WTO 和 2002 年 WTO 的新一轮多边贸易谈判的启动，中印之间在第三国市场上的竞争有可能会加剧。另一方面，作为大国、穷国、劳动力众多的发展中国家，这两国应发现各自在谈判位置中的共性。[②] 考虑到两国的广大市场及其开放的不同领域以及开放进程的不同，中印两国将不会直接竞争外国投资。国际公司并不面对该在印度还是中国投资的问题，通常问题在于在每个国家该投资多少，何时投资。中印两国也并不担心对方 FDI 的增长而考虑自己的相对收益，尽管一些印度商人和决策者怀着敬畏和困惑的心情看待中国吸引的 FDI 数量。在这方面，经常被人们引用的 FDI 差距——2001 年中国的 468 亿美元和印度的 34 亿——带有象征意义但并不预示两国为此竞争。[③]

---

① James Clad, "Convergent Chinese and Indian Perspectives on the Global Order," in Francine R. Frankel and Harry Harding eds., *The India – China Relationship: What the United States Needs to Know*, Columbia University Press, 2004, p. 269.

② T. N. Srinivasan, "Economic Reforms and Global Integration", in Francine R. Frankel and Harry Harding eds., *The India – China Relationship: What the United States Needs to Know*, Columbia University Press, 2004, pp. 220 – 221.

③ Mark W. Frazier, "Quiet Competition and the Future of Sino – Indian Relations", in Francine R. Frankel and Harry Harding eds., *The India – China Relationship: What the United States Needs to Know*, Columbia University Press, 2004, pp. 308 – 309.

此外，印度对制造业发达的中国的廉价产品倾销也存在担忧：中国加入世界贸易组织时，印度企业疑惧万分，担心廉价的中国货会塞满其国内市场。印度媒体充斥着中国的伞、电池、烟火等企业挤垮当地同行的报道。然而在与中国的贸易中，印度连续几年都取得了一定的贸易顺差。这彻底改变了印度人对中国的看法，商业威胁转而成为潜在伙伴。世界对中国商品和印度服务的强烈需求，使两国在许多方面不再视对方为传统的竞争对手。印度工商会联合会主席斯里尼瓦桑说："过去印度人常说（这些商品）是中国的而不是印度的，后来说中国冲击印度，但如果考察一些行业，真实情况是中国和印度联合。印度和中国的经济是互补的。"① 因为中国产品在价格和质量上有很强的竞争力，印度经济界担心，中国商品会冲垮市场。所以，印度政府方面过去多次采取反倾销措施。这种担忧，现在已经有所减弱，印度企业，开始将中国更多地视为机遇，较少地视为威胁。② 中国加入世界贸易组织，为印度带来了巨大的市场机遇。中国商品泛滥充斥印度市场已经被遏制，印度的公司渐渐变得自信，改变以往恐惧的心态。③ 90 年代印度关税和非关税壁垒的消除使中国进口产品激增，这些产品的价格低廉，使印度工商界提出许多倾销控诉。在 2001 年印度政府调查的 93 件

---

① 理查德·麦克格雷戈、爱德华·卢斯：《共赢：贸易的增长使北京和新德里获益匪浅》，《金融时报》2005 年 2 月 24 日。转引自［英］爱德华·卢斯《不顾诸神：现代印度的奇怪崛起》，张淑芳译，中信出版社 2007 年版，第 208 页。

② ［德］卡尔·皮尔尼：《印度中国如何改变世界》，陈黎译，国际文化出版公司 2008 年版，第 171 页。

③ ［印］杰伦·兰密施：《理解 CHINDIA：关于中国与印度的思考》，蔡枫、董方峰译，宁夏人民出版社 2006 年版，第 75 页。

倾销案中几乎有一半针对中国进口。[①] 如果中印两国对对方进口的激增采取保护措施进行回应，这种模式有可能继续。[②]

印度对中国商品倾销的担忧和对中国发展的警惕以及将中国视为竞争对手的态度都可溯源到印度如何看待中国这一心理问题上。印度对中国在安全层面上的戒心导致其对中国经济发展意图的误解，并进一步导致这种观点的产生：经济发展并不能带来中印之间的长期合作。“中国的邻国中没有哪个国家特别是印度会将自己的安全考虑寄托于相信中国领导人不会动用实力或付诸武力解决纠纷，仅仅因为经济成本过高。对经济增长和与国际贸易联系的追求现在已经抑制了中印间的竞争，但是这些经济收益并不足以带来两国之间的长期合作的阶段。”[③] 此外，中国的发展在国际上吸引了更多关注的目光，国际社会期待强大后的中国发挥更多的积极作用。而对于有着大国抱负的印度而言，这对自己是一种批评、一种鞭策，也是一种挑战。“在苏联解体后发生的经济和战略变化已使中国能够声称可取代前超级大国。因此对印度的挑战既有政治战略方面的也有经济方面的。”[④] 印度这种危机意识使中国的经济发展成为抽打在印

① “India: Export Growth Dips Due to Global Economic Slowdown”, *Hindu*, August 3, 2001. Quoted from Mark W. Frazier, “Quiet Competition and the Future of Sino - Indian Relations”, in Francine R. Frankel and Harry Harding eds., *The India - China Relationship: What the United States Needs to Know*, Columbia University Press, 2004, p. 308.

② Mark W. Frazier, “Quiet Competition and the Future of Sino - Indian Relations”, in Francine R. Frankel and Harry Harding eds., *The India - China Relationship: What the United States Needs to Know*, Columbia University Press, 2004, p. 308.

③ Ibid., p. 315.

④ R. G. Pradhan, “Rethinking China and East Asia: The Post - Cold War Agenda”, in M. D. David and T. R. Ghoble eds., *India, China and Southeast Asia*, Deep & Deep Publications PVT. LTD., 2000, p. 120.

度这只慢吞吞前行的乌龟身上的皮鞭，使其不敢懈怠、必须前行，因为他的对手在前进，而且速度要快得多。这正体现了中国在印度经济增长过程中的激励者角色。

二　中印领土争端的发展态势及其对地区和我国安全环境可能产生的影响

中印边界长约 2000 公里，有争议地段达 1700 多公里，历史上没有任何为双方接受的国际条约或协定来正式划定两国边界，但存在着一条传统习惯线。中印边界可分为东、中、西三段。东段存在约 9 万平方公里的争议领土，西段争议领土约为 3.35 万平方公里，中段争议领土约为 2000 平方公里。

中印边界争端可追溯到英国殖民统治印度次大陆时期。当时中印边界基本依照与中方主张的传统习惯线大致吻合的“外线”，西姆拉会议后，长期推行越过“外线”向北渗透的政策。印度独立后，政府继承了这一政策，到 20 世纪 50 年代中期，印度已经把行政管辖范围推进到非法的“麦克马洪线”，占领了传统习惯线以北和麦线以南约 9 万平方公里的领土。1962 年中印边境自卫反击战后，中国军队又迅速撤回到麦线以北。

中印两国尽管历史上曾因边界问题发生过战争，然而在新的历史条件下，未来中印边界争端引发地区冲突的可能性较小。最主要的原因是，中印都以改善人民生活、提高国际地位作为国家对内对外的主要目标。中印两国有着相似的经历，历史上都是文明古国，到近代遭受殖民侵略，独立后既要解决国内的贫困问题又要争取国际地位。20 世纪 70 年代末和 90 年代初，中国和印度相继开始经济改革，经过几十年的发展，在满足国内需求和提高国际地位两方面都受益良多。在和平与发展成为世界主题的今天，核武器的出现使“大国无战争”成为国际局势的根本判断，中印两国都是核国家，战争成本和代价过高。战争不符合两国的利益。

中印双方在边界问题上也做了诸多努力，试图通过协商逐步解决边界争端。1988年印度总理拉·甘地访华，两国商定建立“边界问题联合工作组”。二十多年来，联合工作组举行多轮会议，就保持边境实际控制线地区的和平与安宁、增加军事领域的信任措施等方面取得多项突破。

尽管中印边界争端引发直接军事冲突的可能性较小，然而这是中印关系中最大的死结。同时由于中印两国在地区和国际上影响力的增强，中印边界争端可通过影响中印关系对相关地区产生消极影响。

边界争端是中印独立后两国关系发展中的核心问题。中印关系六十年来的跌宕起伏都同这一问题密切相关。在妥善解决之前，边界问题始终是两国发展友好关系的制约因素，在很大程度上影响着中印关系的前景。目前在双方集中力量发展经济、扩大地区和国际影响力的情况下，边界问题仍可被视为双方关系的晴雨表，特别是成为印度发泄对中国嫉妒和不满情绪的渠道。在边界问题上进行积极谈判，建立互信是必要的，但期待边界问题短期内得到解决也是不现实的。同时，也不应期待单纯通过谈判来与印方建立互信，需要拓展合作领域，真正建立共同的利益关系。

边界争端还可通过影响中印关系对南亚地区、东亚地区、整个亚洲甚至世界产生消极影响。印度自独立一直以来都是南亚霸主，而中国随着经济发展逐步成为东亚地区举足轻重的大国。近年来，印度在东亚地区的影响力逐步上升，中国与南亚国家的友好关系也日渐巩固。中印两国都已成为亚洲甚至世界范围内的重要国家。中印交恶已不仅仅是两个国家之间的问题，势必会对相关地区产生消极影响，将边界争端控制在协商解决的范围内符合地区国家的共同利益。

三　莫迪执政以来的中印关系最新进展

莫迪总理执政以来，印度的外交政策更加灵活，也更加大胆。这在印度处理与美国关系的过程中表现得极为明显。在美国总统奥巴马 2015 年 1 月访印时，双方达成了包括《战略愿景》《双边声明》等在内的一系列文件，其中比较引人注目的项目有美国在国防合作领域首次声明将与印度合作研发、美国对印度的核设施的检查动用总统的否决权做出让步，放弃了美国对印度的检查权，印度只需接受国际核机构的检查即可，特别是，双方首次提出了将合作维护南中国海的和平与安宁，其潜在的针对中国的意图昭然若揭。

此外，印度积极拉拢环印度洋国家、加强对南亚国家的影响力度、积极发展与东亚国家的关系，特别是与中国有嫌隙和争端的日本、越南、菲律宾等国家的关系，这些都与印度对中国与南亚国家不满以及认为中国将染指印度洋的判断有关。

1. 习主席访印是推进中印关系的巨大努力

中国周边局势可用“西重东急”来形容。由于近年来中印关系比较稳定，中印虽有尚未勘定的边界，也偶有边界摩擦，但并未发生大的问题。如果中印关系交恶，中印边界出现不可控的冲突，中国西部边疆是民族宗教构成复杂的新疆西藏，加之南亚地区阿富汗的乱局的影响以及阿富汗巴基斯坦地区的恐怖主义的渗入，后果将不堪设想。而在当前东部形势比较复杂的情况下，西部的稳定也使我们有能力和精力来妥善处理东部的问题。因此，与印度保持稳定健康的国家间关系，与南亚各个扼守战略要地和交通要道的国家开展合作对于稳定周边局势至关重要。

第一，中方充分考虑了印度在发展制造业、改善国内基础设施等在印度经济崛起过程中具有至关重要意义的领域的需求，向印方在这些重要领域提供帮助，充分显示了作为同样在上升过程中的毗邻大国的诚意。如提出在古吉拉特邦和马哈拉施特拉邦建立工业园区，对于印度从靠服务业特别是软件业带动经济发展的非常规发展路径走上依靠制造业发展拉动经济发展的传统工业化道路有着启发、示范效应；印度的铁路网络覆盖广泛，是其国内最重要的交通方式，然而设备陈旧落后，中国高铁技术的引入以及与中方在此领域的合作将会大大改善印度的铁路运营能力。印度时常把中国看作竞争对手。如果说印度对中国存在敌意，那么这种敌意除了60年代战争的阴影外，很大程度上来自竞争者的妒意。中国在对印方经济发展有关键意义的领域给予其帮助，对于稀释这种妒意、提升双方互信大有裨益。

第二，中国还将对印度工业和基础设施发展项目投资200亿美元。这一数字虽然不如此前日本给予的350亿美元。但日本对印度的投资一直较多，而且日本官方发展援助（ODA）在总量减少的情况下，对印 ODA 却呈上升趋势。而据统计自 2000 年以来，日本对印投资达 160 亿美元，而中国同期对印投资仅有 5 亿美元。如果从增长幅度来看，未来五年，日本对印投资增加一倍，而中国未来五年的对印投资则是此前十几年的 40 倍!

第三，对印方一直关注的对华贸易逆差问题给予应对。中印贸易近年来发展迅速，2013 年双边贸易额超过 650 亿美元，双方也已定下 2015 年双边贸易额 1000 亿美元的目标。然而双边贸易并不平衡，印度的对华贸易保持逆差且不断扩大，是中印关系中印方常提到的问题之一。此次针对这一问题提出了不少具体措施。其中还有一条是中方同意进口更多印度电影进入商业院线。此举不仅有利于解决贸易逆差，而且可以让中国普通民众了解当代印度，坚实两国关系的民间基础。

在外媒热炒美日拉印制华的声音中，习主席 2014 年 9 月的对印访问又为两国关系发展找到了新的增长点。

第一，中印将开展民用核能领域的相关合作。2005 年印度与美国签订了民用核能合作协定，但项目的落实遇到阻力。2014 年 8 月莫迪总理访日时，曾希望与日本达成类似协定，但未能如愿。此次的联合公报称中印将开展民用核能领域的双边合作，包括中国国家原子能机构和印度原子能委员会之间的工作磋商。如双方在此方面开展合作，不仅考虑到了印方的关切，有利于赢得印方的信任，而且有益于双方的能源安全，更将受到世界瞩目。

第二，建设中印各自的智慧城市。所谓智慧城市，是城市化与信息化的高度融合，依托新一代信息技术，如物联网、云计算、移动互联网等，也靠知识社会环境下逐步孕育的开放的城市创新生态来推动。中国未来现代化城市发展需要新模式。印度信息产业发达，但城乡差距不大，城市现代化程度有待加强。智慧城市的发展模式对中印两国都具有吸引力和实际意义。联合公报称，中印双方将探讨设计智慧城市的共同示范项目和倡议，双方各自在国内确定一个城市，作为示范。

习主席此次访问也是对亚洲新安全观的一次推广。2014 年 5 月的亚信峰会上，习主席明确提出了“共同、综合、合作、可持续”的亚洲新安全观，强调亚洲人解决亚洲问题，亚洲人维护亚洲安全。在呼吁亚洲国家加强合作的同时，也积极欢迎各方为亚洲安全和合作发挥积极和建设性作用。

亚洲新安全观强调亚洲人自身的作用，与南亚国家的政治外交传统契合。南亚国家有着不畏强权、独立自主的政治外交传统。印度等南亚国家自独立以来一直坚持独立自主的外交传统。20 世纪 50 年代，印度与中国、缅甸一道倡导了和平共处五项原则。印度也是不结盟运动最早的发起者之一，多年来一直致力于第三世界国家的不结盟运动。在地区事务上，印度一直反对域外大国插手南亚事务。中国提出的这一新安全观与南亚国家一贯坚持的独立自主的政治外交传统有相通之处，相信会得到印度等南亚国家的认可与支持。

2. 印度对中国“一带一路”“亚投行”等倡议的态度

尽管双方领导层都努力推进中印关系，然而印度对华思维的一些惯有模式仍然在影响其对华思路，这也体现在印度对于中国 2013 年以来提出的“一带一路”和“亚投行”等倡议的反应中。总体说来，印度由于自身正在面临基础设施建设的问题，因此对加入亚投行更为热心，而对“一带一路”则疑虑重重，至今未有官方正式加入的表态。

（1）对“亚投行”的态度

印度学者认为，中国提出的“亚投行”旨在在亚洲寻求更加平等和平衡的发展模式，但也从中美博弈的角度来理解这一倡议，认为中国此举是面对由美国和日本主导的跨太平洋伙伴关系协定做出的选择，是对美国“重返亚太”战略的回应。他们认为该倡议旨在减少亚洲国家对美国或美国机构的依赖，从而限制美国进入亚洲，同时强调中国在基础设施融资以及多边发展银行方面有着丰富的经验。①

“亚投行”对印度来说意味着什么呢？印度学者认为，这对印度而言既是机遇又是挑战。如果亚投行在跨境基础设施项目中采用股权制，那么将会产生地缘政治影响。印度将团结亚投行以及新生的金砖国家新开发银行，获取自己的国家利益。与亚投行不同的是，金砖国家银行可能会出现多币种体系架构，这降低了融资风险，这就是股权平等相当重要的原因，印度应当坚决捍卫股权平等。②

印度已经作为创始成员加入亚投行，尽管印度国内还有一些担心，比如担心未来中国领导人更替是否会影响到亚投行的继续运行、亚投行和金砖银行如何互补发挥更大作用等，然而总体来说，由于亚投行所倡导的支持亚洲国家的基础设施建设，以及减少对西方的经济依赖迎合了印度独立自主的外交传统，

① 王灵桂主编：《国外智库看“亚投行”》，社会科学文献出版社 2015 年版，第 174 页。

② 同上书，第 188、189 页。

也正切合其急于改善国内基础设施的心理，因此印度对“亚投行”的态度总体而言较为积极。

（2）对“一带一路”的态度

相比之下，印度学者对“一带一路”倡议则充满疑虑。首先就是印度的安全担忧。印度对此的安全考虑包括与中国悬而未决的边界争端、1962年中印边境自卫反击战对印度造成的心理包袱、中国与巴基斯坦密切的关系、印度和中国假想的权力竞争已经在两国之间建立了挥之不去的信任赤字。印度的忧虑还包括中巴经济走廊，这条走廊将连接中国新疆喀什与巴基斯坦动荡不安的俾路支省瓜达尔港，并将通过印度认为的被巴基斯坦占领的印度领土。[①] 印度一些有军方背景的学者除强调边界问题和巴基斯坦问题外，还将南海问题等与一带一路挂钩，认为如果中国不能妥善解决这些问题，印度没有信心加入中国的“一带一路”倡议，认为这一倡议有可能使印度的利益进一步受损。

但印度并不愿公开反对中国的这一倡议。其一，印度意识到这一倡议有可能给自己带来好处，但又存在安全方面的担忧，因此犹豫不决。其二，印度学者从中美博弈的大背景下理解中国提出的“一带一路”倡议，认为这是中国为和美国分庭抗礼而提出的自己对地区秩序的设想，是中国版本的全球化设计，也是中国实现大国复兴的途径之一，因此，支持中国的一带一路也意味着某种意义上在中美之间的选择。其三，印度政府认识到与中国不断扩大的经济合作对印度的发展的利益，也不愿

① 王灵桂主编：《国外智库看“一带一路”》，社会科学文献出版社2015年版，第25页。

意公开反对中国政府提出的这项宏大的计划。

期待印度很快对“一带一路”倡议表态也许是不现实的。在这一倡议推进的过程中，可以通过具体的项目来吸引印度参与实际的合作，逐渐使印度融入这一倡议中。

四　中印关系的发展趋势

在和平的国际环境下，中印两国在未来不会再将对方视为敌人，但由于所处发展阶段的相似性，两国间的竞争将长期存在，也可能会出现一些不和谐音，但中印关系将维持在良性轨道上正常发展。长期来看，中印之间的实力对比将决定两国关系的走向。

现代中印国家间关系中的冲突是如此令人记忆深刻，甚至会让人忘记两国还存在合作与友好交往的时期。出于印度的战略传统和中印之间不对称的威胁认知以及中印都在快速增长的现实，中印两国之间的竞争将会长期存在。有美国学者认为，未来二十年最有可能出现的情况是中印之间的无声竞争仍将继续。[①]

在印度认识到经济实力在判定大国的标准中的上升并接受了中国以经济发展带动国际地位提升的大国发展模式后，两国之间原来固有的边界问题等矛盾冲突将表现为隐性的冲突，但由于两国间一直存在的对手关系和上升的共同需求，中印之间仍将存在竞争，但这种竞争反映了两国共同的上升的要求和行

① Mark W. Frazier, “Quiet Competition and the Future of Sino – Indian Relations”, in Francine R. Frankel and Harry Harding eds., *The India – China Relationship: What the United States Needs to Know*, Columbia University Press, 2004, p. 315.

动，对中印关系仍有良性的促进作用，印度无意以这种敌对状态造成对印中关系的实质性伤害。“印中之间一直都会有对手的感觉。无论我们退回到多少个世纪之前，这种感觉也不会消失。但是在未来 10 到 15 年中，这种对手关系不会产生任何结果。我们不想这样，他们也不想这样。”① 印度的大国梦想和业已取得的成绩以及国际社会的现实使印度不可能不计成本地寻求与中国的对抗。“中印政治关系的本质是共存，而共存的主要表现形式究竟是合作还是竞争，甚或是冲突，则取决于一些基本的条件和因素。就共存这个概念的一般意义而言，它主要表述的内涵是因存在而产生的一种必要性，因这种必要性而使得双方的关系成为某种共生的现实，虽还不是‘一损俱损’，但维持关系而产生的明显利益将促使双方努力不让这种关系过于恶化甚至破裂。以这种性质来定义中印关系可能比较合适”②。

除去印度的中国情结，客观事实是，中国和印度都在快速发展中，并将展开在世界各个地区的利益争夺。有观点认为：“无论是在东南亚、太平洋、南亚还是中亚，两个天然的地区大国——印度和中国都会越来越深入这些地区，追求各自的利益与目标。期盼两国互不相争是天真的。重要的是，这种竞争是在一个良性的框架内，能够符合所有参与方的利益。”③ 认为竞

① Mark W. Frazier, “Quiet Competition and the Future of Sino - Indian Relations”, in Francine R. Frankel and Harry Harding eds., *The India - China Relationship: What the United States Needs to Know*, Columbia University Press, 2004, p. 317.

② 赵干城：《中印政治关系的内涵与特点》，《南亚研究》2010 年第 4 期，第 5 页。

③ Alka Acharya, “‘The Strength of Weakness’: The Context and Construction of Chinese Foreign Policy”, in Maharajakrishna Rasgotra ed., *The New Asian Power Dynamic*, Sage Publications, 2007, p. 41.

争能符合所有参与方的利益，也许是一种美好的愿望，有竞争就有高下之分。能分出高下胜负的竞争并不只有消极和危险的一面，还能够起到鼓励和鞭策的作用，“对手关系对于国家安全而言并不只是危险的，但是这种理解必须为协定的行动提供推动力以缓解双方的敌意”①。姑且不深究竞争的性质如何，毫无疑问，随着中印两国的进一步发展和对能源资源以及市场的需求，中印两国的竞争不仅在当下不可避免，并将一直持续下去。

极力渲染中印之间竞争的观点也常有其他目的。印度前商务部长和学者兰密施对印中竞争的看法比较理性。他说，我们要看透西方把中国和印度的发展看成“相互对着干”，并且想方设法鼓励这种“对着干”的恶毒意图。“把中国当作印度发展的障碍是不明智的。探讨印中两国各自复杂的进化过程才更有意义。”②有观点提出中印之间应进行良性竞争，本章认为，中印之间出现竞争就是良性的，而所谓的恶性竞争充其量只是反映印度复杂心态的小事件，中印关系不会因此偏离正常发展的轨道。

印度实力的上升有可能形成其与中国力量对比的变化，而中印力量对比将在未来决定中印关系的走向。因此，在保持中印目前的发展差距即中国领先于印度的状态不变的前提下，中印关系将基本呈现竞争与合作并存的态势，中印关系总体向好，但小摩擦难以避免。如中印力量对比保持平衡，中印关系将凸

---

① Nimmi Kurian, *Emerging China and India's Policy Options*, Lancer Publishers & Distributors, 2001, pp. 193 - 194.

② 江亚平：《印度：一个不可思议的国度》，深圳报业集团出版社2009年版，第9页。

显冲突的一面。如中印力量对比向印度一方倾斜，印度发展良性中印关系的动力缺乏，中国将处于十分被动的局面，国家利益有可能受损。因此，要维持中印关系的良性发展、维护中国的国家利益，保持对印度的实力优势是中国的选择。

在未来10—20年，两国仍处于实力上升期，但都面临着经济发展路径转变的过程。中国的经济发展正在摆脱依靠国外市场拉动经济的发展路径而转向依靠内需带动经济增长的转变，依然遵循工业化的传统路径；而印度依靠服务业带动经济发展的道路并不是跳过了传统的工业化发展道路，这一道路的选择符合当时的时代背景及印度的特殊情况，在依靠服务业带动增长的道路走到一定程度后，印度也将依靠制造业，回到传统的工业化大国的发展道路上。[①] 此外，中国要面对国内发展不平衡、贫富差距和民生等重大问题，而印度的发展也一直被贫困问题和基础设施建设以及民族宗教矛盾等问题所拖累。未来两国实力的对比也取决于对这些重大国内问题的处理情况。在以上认知的基础上，未来两国的实力不会有显著差距，但中国仍应领先于印度。据此可判断，中印关系在未来10—20年将维持在正常国家关系的基本点上，整体良性发展，但不排除会有小的摩擦与冲突。

中印关系在可预见的未来不会偏离良性发展的轨道。这也要归功于中印关系的“自上而下”这一特征。冷战结束后美国成为唯一的超级大国，对于印度而言是一个绝佳的机会，可以努力争取做多极世界中的一极，而国际战略平衡的重心转向亚

① 赵江林：《中印经济发展阶段研究》，《南亚研究》2011年第2期，第49—68页。

太地区更为身处其中的印度凸显自己提供了舞台。而要争取成为一极，则需要印度顺应时势，发展经济，并融入全球经济，和世界更多国家建立广泛的联系。在两国政府特别是印度政府看来，国际地位的提升和对大国梦想的追求是最重要的目标，其他一切国际国内事务都是为这一目标服务的。而要达到这一目标，印度就不能使中印关系恶化。第一，印度需要和平的周边环境。印度今日的实力也许并不惧怕惹怒中国，但中印关系倒退对印度的发展环境是绝无好处的。第二，印度要加强与东亚的联系，并获得期待的国际地位离不开中国的支持与帮助。第三，鉴于中印在诸多国际问题上存在共同利益，与中国做朋友比做敌人对印度更有利。简言之，冷战后的世界局势发生的改变使国与国相互为敌的可能性大大降低，树敌成本太高，且于己无益。在两国领导者强烈的政治意愿的推动下，中印关系在20世纪90年代依靠自上而下的模式基本实现了正常化。两国最高级别的元首互访和各级官员的交流实现经常化，经济合作开展并逐步壮大，学界也展开了有意义的文化学术交流。印度新世界观形成后，能够摆脱过去的历史包袱，积极地看待并发展对华关系。中印关系未来仍将维持在这一正常的国家关系的基本点上。“敌意是一个极端，合作是另一个极端，在这两者之间有足够的空间让中印培育‘正常的’国家间关系，这种关系适应两国各自对国家需求的认知，不可避免地非常敏感，因为两国各自国内和国际环境中都存在变数。”① 未来的中印关系

① Surjit Mansingh, “India - China Relations in the Post - Cold War Era”, in Surjit Mansingh ed., *Indian and Chinese Foreign Policies in Comparative Perspective*, Radiant Publishers, 1998, pp. 484 - 485.

将会是在密切与疏离这两个极端中发展起来的一种克制而理智的关系，两国会有分歧，也会由于这种分歧而产生摩擦，但有两国要达成的目标、国际社会的氛围、规范和行为准则制约，两国关系不会发生大的转折，而是基于官方主导的正常化关系的基本点发展。

如前所述，中印关系尽管主流向好，但摩擦不断。考虑到中印关系中还有未解决的边界问题、印度担忧的中巴关系以及大国地位的追求等，这些问题的存在必然会在两国交往中生发出无数因具体事件而引发的影响两国关系的小摩擦。中国与南亚其他国家的往来、中国的军事现代化、边界问题、中国给克什米尔居民的签证等，常能引发印度的猜疑与不满，并导致中印关系出现短期的紧张。近几年来，这种状况屡见不鲜，持续一段时间，经过澄清、解释、说明，又恢复正常。中印关系中这样的小事件不断，虽然并不能对中印关系造成实质性的损害，却也反映了中印关系的现实——戒心犹在，信任缺乏。中印关系目前的进展基本是由领导者的政治意愿促成，而缺乏坚实的民间基础以及商界学界联系的加固。假以时日，这些小摩擦会由政府出面加以消除。但缺乏坚实基础、自上而下的中印关系依然会有起伏。中印经济联系的加强并不意味着两国关系的牢固与坚实。“不断攀升的贸易水平仅能说明趋势，而不能说明两国关系充分地、牢固地建立在经济基础上或者说因为经济原因而稳定。尽管中印关系近年来取得了明显的进步，但仍然不具有哪种秩序能够毫不犹豫地称其为正常的关系。在所有的程度上，这一关系的特点就是冲突与复杂性……即使是正常的关系也不是完全没有不对称性、紧张、起伏甚至是偶尔的争执。”①

近年来，出于官方的政治意愿，两国对于减轻甚至消除对方的威胁认知做出了一些努力，但随着两国经济实力的发展和国际地位的提升“任何一方今天都不恐惧两国关系中出现的突然的危机，更不要说任何军事冲突了”②。也就是说，印度一定会清楚表明自己的不满，而绝不会为避免惹怒中国而隐藏自己的主张和要求。尽管中印关系目前基本在良性发展的轨道上，但印度对于中国的行为倾向和发展意图始终持保留意见，并采取行动做好预备措施，以防中国威胁印度安全。“印度战略隐含的目的就是向中国表明如果中国采取威胁其邻国安全的姿态，印度可以成为反中国联盟的一员。90年代末以来印度形成的战略的基石就是一方面保持有利于发展扩展贸易和投资的稳定的安全环境，另一方面准备应对一个实力更强，有可能更坚定而自信的中国。”③

在未来10—20年，由于中印实力对比仍将较为接近，不会出现对比过于悬殊的状况，因此，维持关系正常化将是中印关系发展的主线，但小摩擦以及印度潜藏的敌对姿态都将在中印关系中一直存在。

---

① Alka Acharya, *China and India: Politics of Incremental Engagement*, HAR ANAND Publications PVT LTD, 2008, pp. 15 - 16.

② Amit Baruah, “China - Pak. Nuclear Links Cause Concern: Sinha”, *The Hindu* (New Delhi), May 21, 1997, p. 10. Quoted from Swaran Singh, *China - South Asia: Issues, Equations, Policies*, Lancer's Books, 2003, p. 131.

③ Mark W. Frazier, “Quiet Competition and the Future of Sino - Indian Relations”, in Francine R. Frankel and Harry Harding eds., *The India - China Relationship: What the United States Needs to Know*, Columbia University Press, 2004, p. 316.

文化篇

第六章　中印宗教文化交流与合作

邱永辉①

“面向和平与繁荣的战略合作伙伴”，是中印双方领导层为中印两国关系的定位。在此基础上，两大文明古国正在全球化时代展开政治、经济、文化、教育等一系列领域的合作，其中文化领域合作的重要性正被越来越多的人认识到。可以预计，在未来中印关系全面发展进程中，文化理解和文化交流可望扮演越来越重要的角色；随着中国和印度的先后崛起，未来的中印两国也会越来越多地展示自己的文化魅力。

本章主要内容如下：其一，梳理印度宗教格局及宗教文化领域存在的问题；其二，总结中国学者对当代印度宗教文化的研究；其三，研究中印宗教文化交流与合作的现状，特别是莫迪政府执政一年半以来的中印文化交流项目。从短期计，本书旨在为“中印智库论坛”的相关对话提供意见；从长远计，中印宗教文化交流及其研究，可助益于切实促进中印文明互鉴。

---

① 邱永辉，中国社会科学院世界宗教研究所研究员，“南亚宗教文化”方向博士生导师，中国南亚学会副会长。

第一节 印度宗教文化现状

本节描述印度宗教文化的基本格局，并在此基础上归纳其本身存在的主要问题，旨在为中印宗教文化交流提供一个背景材料。

一 印度宗教多元格局

经过数千年的宗教文化发展，印度形成了以印度教为主流的多元宗教格局。这一格局主要包括两个层次：一是世界上各种宗教信仰在印度的共生共存格局，二是占主导地位的印度教的多元化格局。

1. 印度宗教多元格局：数据统计。

今天的印度，据称是一个全民信教的国家。表 6 - 1 是汇聚印度历次人口普查数据绘制而成的印度多元宗教信仰状况表，从中可见从 1961 年至 2001 年印度各宗教人口和百分比的变化情况。

表 6 - 1　　印度各宗教人口和百分比变化情况

（人口单位：百万）

宗教信徒名称	1961 年	1971 年	1981 年年	1991 年	2001 年
	人口/百分比	人口/百分比	人口/百分比	人口/百分比	人口/百分比
印度教徒	366. 5/83. 5	453. 4/82. 7	549. 7/82. 6	672. 6/82. 41	827. 6/81. 4
穆斯林	46. 9/10. 7	61. 4/11. 2	75. 6/11. 4	95. 2/11. 67	138. 2/12. 4
基督教徒	10. 7/2. 4	14. 3/2. 6	16. 2/2. 4	18. 9/2. 32	24. 1/2. 3

续表

宗教信徒名称	1961 年	1971 年	1981 年年	1991 年	2001 年
	人口/百分比	人口/百分比	人口/百分比	人口/百分比	人口/百分比
锡克教徒	7.8/1.8	10.4/1.9	13.1/2.0	16.3/1.99	19.2/1.9
佛教徒	3.2/0.7	3.9/0.7	4.7/0.7	6.3/0.77	7.96/0.8
耆那教徒	2.0/0.5	2.6/0.5	3.2/0.5	3.4/0.41	4.23/0.4
其他教徒	1.6/0.4	2.2/0.4	2.8/0.4	3.5/0.43	6.64/0.7
总计	439.2/100.0	548.2/100.0	665.3/100.0	812.6/100.0	1.029/100.0

据印度政府公布的 2001 年人口普查资料，印度人口的 99.2% 是当今印度六大宗教的信徒。根据印度政府后来正式公布的，经有关专家调整后的数据，印度多元宗教信仰格局现状基本如表 6－2：

表 6－2　印度六大宗教现状

宗教团体	现人口（百万）	占人口比例（调整后，%）	增长率（前十年增长率，%）	平均识字率（女）（全国平均 64.8，%）	性别比例（全国平均 933）
印度教徒	827.58	80.5 (81.4)	20 (22.8)	65.1 (53.2)	931
穆斯林	138.19	13.4 (12.4)	29.3 (32.9)	59 (50)	936
基督教徒	24.08	2.3	22.1 (17)	80.3 (76.2)	1009
锡克教徒	19.22	1.9	16.9 (25.5)	69.4 (63.1%)	839

续表

宗教团体	现人口（百万）	占人口比例（调整后,%）	增长率（前十年增长率,%）	平均识字率（女）（全国平均64.8,%）	性别比例（全国平均933）
佛教徒	7.96	0.8	23.2（36）	72.7（61.7）	953
耆那教徒	4.23	0.4	26.0（4.0）	94.1（90.6）	940

资料来源：此表根据印度政府网站公布的2001年人口普查数据整理。

从以上表格数据可见，印度信仰人数最多的是印度教，占全国人口的80%左右，印度教是名副其实的主流宗教；其次是伊斯兰教，然后依次基督教、锡克教、佛教和耆那教。因此，在印度政府文件或学术著述中，一般都习惯于将印度教徒称为“多数人”（Majority），而将其他宗教团体统统称为“少数人”（Minorities）。其实，人数更少的宗教团体还有祆教、犹太教、许多民间宗教以及层出不穷的新兴宗教（其中巴哈伊教是人数最多的）。此外，全国有大约70万人口未申报自己的宗教信仰。由此可见印度宗教的驳杂变换、多姿多彩、无所不包的多元格局。

就发展趋势而言，从占人口比例的情况看，从1961年至2001年的40年间，印度教徒占人口的比例从83.5%轻微下降至81.4%，穆斯林人口从10.7%上升至12.4%（其他资料认定上升幅度更大），基督教徒则从2.4%下降至2.3%。“其他宗教信仰者”人数虽少（总人口数量仅有600多万人），但增长最快，从0.4%上升到了0.7%。

就统称为“宗教少数人”团体而言，在官方的文件中，穆斯林的人口统计为1.2亿至1.4亿。但对于印度穆斯林人口的统计数据，历来争议颇多，原因如下：其一，数量较多的穆斯林生活在克什米尔地区，而印巴两国对于该地区又长期存在领土归属争议甚至发生过战争，20世纪80年代后该地区长期动荡，不能进行正常的人口普查，有时采取补充调查而有时则采取估算的方式，因此该地区人口普查的数据不如其他地区完整和规范；其二，印度一些穆斯林团体认为，由于印度穆斯林超过了印度总人口的12%，保守统计也达到了1.4亿，这已经使印度成为世界上仅次于印度尼西亚的第二大穆斯林人口的国家，印度教团体因此不愿承担“更大的风险”。

至于基督教、佛教、耆那教的人数，许多学者认为现有的统计数据也不准确。原因在于：其一，许多人虽然已经“改教”，即由信仰印度教改信了基督教、伊斯兰教等外来宗教，但因为印度政府的“保留政策”① 的受益人，只限于低种姓印度教徒，因此许多改了教的低种姓为了不失去保留职位，在人口普查时仍然登记为印度教徒，由此造成了穆斯林和基督教徒的“漏报”；其二，特别值得注意的是，20世纪80年代后影响力日益增强的印度教极端组织，尤其反对“外来宗教”即伊斯兰教和基督教的扩散，并不时采取打击措施，为避免受到攻击，一些人选择“瞒报”；其三，在有些邦对于法律条文解释中，规

① 根据《印度宪法》的“国家政策指导原则”中的相关规定，印度各级政策制定了“保留政策”，在政府机构、高等院校中，为“表列种姓”“表列部落”和“其他落后阶级”保留一定比例的就职机会和就学名额。但在相关法律条文的解释和执行过程中，享受保留名额的人，多是印度教的“贱民种姓”或“低种姓”。

定保留名额也提供给包括佛教徒和锡克教徒在内的低种姓——因为佛教、耆那教和锡克教通常被看作是属于“印度本土宗教（Hindu Religion）”，因此宣称是佛教徒或锡克教徒，并不一定影响享受保留政策的好处，由此也造成对于佛教等本土宗教的统计不准确。

另一个值得注意的现象是，越来越多的印度教徒或者宣称自己是人道主义信仰者，或者说自己是某个新兴宗教运动的参与者，甚至有人说自己信仰“许多宗教”。

2012年12月，美国“皮尤研究中心·宗教与公共生活论坛”发布了“世界宗教图景”，其中包括世界各地区、各国的宗教信仰数据。据此新数据，截止到2010年底，印度总人口为12.24亿，印度教徒占总人口的79.5%，穆斯林为14.4%，基督教徒为2.5%，佛教徒为0.8%，“其他宗教信仰者”为2.3%，不信教者小于0.1%。①

无论如何，由于印度教徒占印度总人口的比例仍然维持在80%左右，况且从目前的情况看，其人口增长率与全国平均增长率几乎相当，因此印度基本的宗教多元信仰格局——即印度教占主导地位、其他宗教少数人团体平稳发展，将在长时间存在、维持和发展。

2. 印度教的多元格局。

印度教文化是印度的“主流”文化，其本身就是多元的，也积极地左右着、深深影响着其他每一种“小传统”。而作为“多数人”的印度教徒，其本身也是多元的。

---

① “The Global Religious Landscape”, Pew Research Religion & Public Life Project, Dec. 18th, 2013, http://www.pewforum.org/global-religious-landscape.aspx.

从人口角度说，印度教是世界第三大宗教。根据美国“皮尤研究中心·宗教与公共生活论坛”2012年12月公布的统计数据，印度教有11亿信徒，占世界总人口的15%。[①] 印度教的两大分支是毗湿奴派和湿婆派，即分别崇拜印度教的两位大神——毗湿奴和湿婆。由于缺少对印度教支派的普查和调查数据，因此很难对这两个教派的人口规模做出可靠的估计。[②] 不仅如此，印度教内的其他著名派别，如崇拜萨克蒂（女性性力的本原）的萨克塔派、崇拜太阳的太阳神派、崇拜象头人身神祇迦那帕提（Ganapati，又名Ganesa，译为“伽内沙”）象头神派等，也没有统计详细的数据。

从总体上看，约60%的南亚人口是印度教徒。分布在印度的印度教徒占全球印度教徒总人口的绝大多数（94%），其次是尼泊尔（2%）和孟加拉国（1%）。

长期以来，虽然外国学者在著作中可以轻松地论述印度教、印度教徒和印度教社会，但“谁是印度教徒”这一基础性的，也是根本性的问题，在印度却并没有得到解决。理解印度教徒的认定问题，对于讨论印度多元宗教格局的特点至关重要，而分析这一问题，则需要引入对历史性、综合性、多重性、选择性的认识。

---

① “The Global Religious Landscape”, Pew Research Religion &Public Life Project, Dec. 18th, 2013, http://www.pewforum.org/global-religious-landscape.aspx.

② 上述统计数据还显示，绝大多数（超过99%）的印度教徒生活在亚太地区，即印度教的发源地。世界其他区域的印度教徒数量不到1%。在世界各大宗教团体中，印度教徒在地理上的分布最为集中。印度教徒是尼泊尔（81%）、印度（80%）和毛里求斯（56%）的人口多数派。全部印度教徒的97%都分布在此，让印度教徒成为这些国家的宗教多数派。尽管大多数印度教徒生活在亚太地区，但在这片人口众多的广袤区域上，印度教徒仅占总人口的四分之一（25%）。

从总体上说，我们现在称为“印度教”的宗教传统，应当从什么时间算起，其发展应当分为几个阶段等，一直是印度国内外的印度宗教研究者争论不休的问题。已有的研究证明，不仅印度教的源头已经消失在远古时代的文化遗迹之中，而且很难探索到一种能从整体上回顾印度教历程的文化类型。因此，很难说印度教一直是印度文明的支柱，即使是在穆斯林到达印度之前，印度也并非一个印度教国家，而是由印度教、佛教、耆那教、各种民间宗教等组成的多元宗教社会，并且在事实上，佛教、耆那教和后来形态的印度教都共同继承了“吠陀”与“奥义书”的传统。虽然如此，对于“印度教徒”的最早称呼，的确是与生活在印度河流域的人们紧密相连的，而佛教和耆那教在穆斯林进入印度后不再兴盛，殖民时代以人口普查等形式对印度教徒、穆斯林和基督教徒的“强制性区分”，以及伴随独立运动而生成的近代印度教复兴浪潮，都促使更多的人认可或考虑印度人的身份与印度教徒的身份之间的相关性问题，甚至独立以后的《印度宪法》，也没有影响大多数公民的印度教徒身份。

实际上，许多印度教徒已经具有一种综合性信仰形态，并且强调除印度教外的其他特性的存在和重要性。如印度教徒身份十分鲜明的圣雄甘地，同样求助于其他宗教；泰戈尔则强调其家族是“印度教文化、伊斯兰教文化和英国文化这三种文化合流”的产物。许多印度教徒既强调不宜在印度范围内偏袒印度教徒或任何特定群体，也反对让自己的“印度教徒身份”在政治上和社会问题上淹没了自己对“印度人身份”的更大忠诚。圣雄甘地将印度教徒定义为“追求真理的人”，并为世俗主义和社会公正事业献出了自己的生命。众所周知，他死于一个印度教极端分子的手下，而这个印度教极端分子所代表的那股力量，自始至终都坚持认为印度人身份与印度教徒身份必须具有一致性。在印度社会上，始终存在着一股让印度人身份依附于印度教徒身份的势力，在独立运动时期和 20 世纪 80 年代后，这股被称为“印度教民族主义”的力量呈现出强势。但是，印度也始终不缺乏坚持自由民主的力量。

一般情况下，印度教徒的身份是以两种方法界定的。这两种方法大不相同，而且十分矛盾。在计算印度教徒的人数时，确定绝大多数印度人事实上是印度教徒，并不是一种宗教信仰的计量，而实质上是对族群背景的计量。因此，人口普查人员在排除了伊斯兰教、基督教、锡克教等的情况下，自然将被普查者及其小孩登记为印度教徒。另一种方法是，真正根据人们的信仰来确定教派，例如是否相信罗摩大神的神性或《罗摩衍那》的神圣地位等问题，根据人们的判断确定信仰。如此两种方法得出的数据所构成的结构图，是混乱不堪的。可能最终的结论是，绝大多数印度人相信罗摩大神的神性或相信《罗摩衍那》的神圣地位，但这些人中可能包括持宽容态度的其他宗教的信徒。对于大部分印度人来说，第一种意义上被界定为印度教徒的数以亿计的人，并不同样秉持那些对于第二种方法而言至关重要的看法，即可能只有部分印度教徒信仰罗摩大神的神性或相信《罗摩衍那》的神圣地位，从而他们可能属于毗湿奴派。

不应当忘记的是，除宗教和社群的作用外，由于印度教的无所不包，一些相信顺世论的无神论者，一些自然神崇拜者，一些不可知论者等，也都自称印度教徒。还有一些自称印度教徒的人，同时也信仰原始宗教，有些人既信仰印度教，也信仰伊斯兰教，如此等等都是“选择”的结果。

有关印度教徒的认定问题，归根到底与“印度教”的定义有关。虽然这个问题并没有解决，但相关讨论中却催生了一种新观点：印度人的身份有时是一种综合性的概念。

二　印度宗教文化发展中的问题

1. 宗教“少数人团体”问题

如上所述，在印度政府文件或学术著述中，一般都习惯于将印度教徒称为“多数人”（Majority）。与许多国家不同的是，印度的“多数人”和“少数人”之分，通常是从宗教角度进行的。因此，被统称为“少数人”（Minorities）的团体，统统是指“宗教上的少数人”，即除印度教徒外的其他宗教信徒。但值得注意的是，从统计数据可见，在这个“少数人”中，不同的团体在规模上的差距是很大的，人口最多的穆斯林实际上早就超过了1.5亿，人口较少的耆那教徒则仅有300多万人。

未列入统计的、人数更少的宗教团体，在印度还有许多。根据现在的材料，这些宗教团体同样有着悠久的历史和深远的影响，有的团体世俗化程度实际上相当高。以祆教为例。2001年的人口普查发现，祆教徒人口已经从1991年的76382人下降至2001年的69601人，但他们仍然有着最高的识字率，识字率高达97.5%。从历史上说，这个宗教团体为了逃避伊斯兰教的入侵，在公元745年左右作为难民进入印度次大陆并从此定居于此。他们的寺庙几乎从不对外开放，其宗教仪式以较为隐蔽的方式在私下进行，经过1400多年在印度的发展，他们保持了自己独立的特征，但在社会上却很少有人知道“祆教”。实际上，这是一个印度社会中最富裕和具有很大影响力的宗教少数人团体。巴基斯坦的创立者穆罕默德·阿里·真纳和印度前总理英迪拉·甘地，均是与祆教徒缔结的婚姻关系。祆教团体拥有印度著名的银行、造船厂和企业，其中包括印度最大的塔塔财团、瓦地亚财团和比提提财团等。祆教团体成员的受教育程度高，生育率低，人数少而迁移频繁并且散居于印度各地。该团体的教徒普遍地与其他宗教信仰者通婚，而与其他宗教信仰的人结婚后所生育的孩子，不再被认可为祆教徒。正是由于这种种变化，该宗教团体的成员一方面对较少人了解他们感到不满，另一方面又担心“祆教徒可能会很快消失”[①]。一般印度民众认为，祆教徒创造了高质量的文明，印度社会应当给予保护，以避免他们消失。

另有一些新兴宗教及其团体，在印度得到了快速的发展。例如，仅有近二百年历史的巴哈伊教，即使与发源于印度教的一些新兴宗教团体相比，也属后起之秀，但巴哈伊教在印度发展速度很快，其影响力在德里、比哈尔邦、加尔各答等地，亦日益显现，从而使印度“国家灵体会”成为巴哈伊世界155个“国家灵体会”中最有影响力的总会之一。目前还没有印度巴哈伊教信徒人数的准确统计，但巴哈伊团体不仅进行宗教活动，还积极参与各地的教育、经济、社会服务和公益事业，在印度社会发展中发挥着越来越大的作用。巴哈伊教以其人类一

① N. Dalal, “Part and Parsi”, *The Times of India*, Nov. 25th, 2001.

家、独立探求真理、科学与宗教和谐一致、男女平等、普及教育、世界和平的教义主张，体现出新兴宗教的与时俱进，又以其提倡“世俗的”生活方式适应现代社会中人们的物质享受需要，甚至以其高雅洁白的灵曦堂（地处德里的莲花庙），吸引了无数海内外游客观光朝圣，充分展示出新兴宗教团体的蓬勃朝气。

在独立后，印度的宗教少数人团体都有向城市集中的趋势，仅锡克教团体例外。据20世纪80年代末的统计，印度的城市人口中有77%的印度教徒，16%的穆斯林，13%的基督教徒，2%的锡克教徒。[①] 耆那教、佛教和袄教信仰者人数虽少，但在他们集中的城市里却是重要的成员团体。袄教徒和穆斯林集中在西部沿海港口城市，如孟买、苏拉特等；耆那教徒在印度各大城市都有，但更为集中的地方是西部特别是拉贾斯坦和中央邦。在马哈拉施特拉邦则有大量佛教徒云集，这种云集解释了为什么在20世纪50年代当安培德卡尔博士一声呼唤，就有几十万贱民在此地皈依佛教。印度独立后的世俗化进程，促使这些宗教团体进入城市，这些团体在城市的繁衍生息，也为城市文化的多样性和世俗化进程做出了积极贡献。

2. 宗教团体的平衡发展问题

时至今日，印度仍然是一个各项“人类发展指数”偏低的国家。据联合国2011年人类发展报告公布的“人类发展指数”，在世界187个国家中，印度的人类发展指数仅居第134位，落后于很多非洲国家和一些南亚邻国。更严重的问题还在于，一

① R. Ramachandran, *Urbanization and Urban Systems in India*, Delhi: Oxford University Press, 1989, p. 173.

些重要人类发展指数，在印度不同的宗教团体中有差异较大的呈现。因此，在历次人口普查后，每当政府公布与宗教团体相关的数据时，人们都特别关注其中的敏感问题，如不同的宗教团体的经济状况、教育状况、人口素质等。近年，印度作为新兴经济体不断崛起，这些问题也成为全世界关注的焦点。

3. 男女性别比例问题

印度的男女比例长期处于失衡状态，近年的趋势极度恶化。有报告显示，印度6岁以下男女儿童的比例达到了1000比914，自1947年印度独立以来，这是新近出现的最严重的男女比例失衡。

从宗教教派的角度论，据2001年人口普查数据，基督教徒的性别比例最高，每千名男子中有1009名女子；最低的是锡克教徒，仅1000∶893。印度教徒和穆斯林均居于全国水平933的上下，分别为1000∶931和1000∶936。

与此相对应的是不同地区的差异，在基督教徒聚居的克拉拉邦，男女性别比例以1000∶1082居全国最高水平；而在锡克教徒占多数的旁遮普邦，性别比为1000∶897，居全国最低。

0—6岁儿童性别比例情况，出现令人担心的结果。锡克教徒中出现了低至1000∶786的性别比例情况，而在前十年则还有1000∶870；性别比例较高的基督教徒中，男女儿童的性别比例也只有1000∶964，印度教徒1000∶925低于全国平均水平的1000∶927，而穆斯林儿童比例则相对较好，达1000∶950。这显示出对于女孩的歧视正在包括锡克教、耆那教等团体中蔓延。

4. 识字率问题

目前世界上大约三分之一的文盲是印度人。印度全国的识字率平均水平是64.8%。在“六大宗教”团体中，识字率最高的是耆那教徒，达94%；基督教徒次之，为80%；佛教徒再次之，为72%。穆斯林识字率在全国平均水平以下，仅59%。最低的识字率则出现在“其他宗教信仰”中，为47%，这表明信仰民间宗教的人群，特别是部落民，基础教育方面尚存在严重不足。

在每个宗教团体中，妇女识字率都低于男性。这一普遍现象说明，从古至今都存在的歧视妇女问题，应当再次引起关注，并应设法着力解决。人口众多的印度教徒和穆斯林妇女，其识字率均处于较低的水平，分别为53%和50%。因此，提高这两个人口众多的团体的妇女识字率，对于全民教育素质的提高，至关重要。

5. 宗教团体的增长率问题

欠发展的团体同时也是人口增长最快的团体，这更引起人们的关注。2001年人口普查结束后，首次公布的穆斯林的增长率为36%，但不久即更改为29.3%。宗教团体人口数据公布的过程中出现的这一数字变更插曲，人口普查委员会后来的解释，以及对于其他数据的调整，说明宗教团体的增长率，特别是穆斯林人口的问题，在印度具有很高的敏感度。

人口普查委员会的解释是，数据的改正不是因为社会压力，而只是根据实际情况进行的调整。但是，有印度教极端组织曾将穆斯林人口的增长率与印度教徒的增长率进行比较，惊呼大约200年后穆斯林人口将超越印度教徒人口，印度将成为一个伊斯兰国家。

第二节　中国学者对印度宗教文化的研究

本节主要关注当代中国（即 1949 年以后）对印度宗教文化的研究。中国对印度宗教文化的研究，与中印文化交流的历史密切相关。从《战国策》《国语》等中国典籍中所述印度文化影响的蛛丝马迹，我们可以看到中印文化交流已经进行了数千年，中国对印度文化的学习和研究也经历了一个不断加深和拓展的过程。其中对佛教文化的学习、继承和借鉴，致使自唐代以来，佛教开始了中国化进程。值得大书特书的是，中国进而将弘扬佛法视为自己的如来家业，使佛教从中国走向日本、韩国、东南亚甚至欧美各国，展开了一幅世界性传播的画卷。如果说在古代，是“佛国之伟”使中国人仰慕“西天”，鼓动了中国高僧西进求法，进而推动中国出现“印度宗教热”，那么从学术贡献的角度说，中国僧人和历史学家所著《大唐西域记》《佛国记》等史料，也为记录、评述和研究印度宗教文化，做出了伟大而独特的贡献。更进一步说，以文献记录、经典翻译、宗教文化的学习和交流为特色的“中印文化合资”，催生了世界上最早的、有中国和印度特色的、成果最为丰茂的“印度学”。

一　当代中国的印度宗教文化研究概况

1947 年印度的独立和 1949 年新中国的建立，为中印带来了自主交往、发展友好的希望，但两国在经过 1947 年至 1961 年短暂的“印度中国兄弟”阶段后，很快因边界冲突进入政治关系起伏不定、经济文化交流基本停滞的阶段。直至 20 世纪 80

年代，中国学术界对印度的研究，重点放在政治、经济、外交、军事等方面，所幸的是有北京大学季羡林、金克木先生为首的学者，致力于翻译古印度经典文献，研究印度哲学、历史和文化，这一时期的代表作，当首推季羡林先生翻译的印度史诗《罗摩衍那》和徐梵澄先生翻译的《五十奥义书》。

改革开放为展开中国哲学社会科学的各项研究带来了希望，中国学界对印度宗教文化的研究进入了新的阶段。除黄宝生、蒋忠新、张保胜诸教授翻译的《摩诃婆罗多》《摩奴法论》《薄伽梵歌》等印度经典文献外，国外研究著作的汉译数量亦有增加，特别是闵光沛等译、A. L. 巴沙姆主编的《印度文化史》（商务印书馆 1997 年版）、王树英等译、D. D. 高善必的《印度古代文化与文明史纲》（商务印书馆 1998 年版）以及王志成译、Alan Hunter 编的《瑜伽之路》（浙江大学出版社 2006 年版）等，影响较大。随着新中国培养的研究印度宗教文化的学者的成长，开创性的研究著作亦随之出版，如金克木著《印度文化论集》（中国社会科学出版社 1983 年版）、黄心川著《印度哲学史》（上海商务印书馆 1989 年版）、朱明忠著《恒河沐浴——印度教概览》（四川民族出版社 1994 年）、巫白慧著《印度哲学——吠陀经探义和奥义书解析》（东方出版 2000 年版）、邱永辉著《现代印度的种姓制度》和《印度宗教多元文化》（四川人民出版社 2003 年版、社会科学文献出版社 2009 年版）、张敏秋主编《跨越喜马拉雅障碍：中国寻求了解印度》（重庆出版社 2006 年版）和尚会鹏著《印度文化史》（广西师范大学出版社 2007 年版）等。可以说，中国学界对于印度宗教文化的研究，已经走过了文献翻译、引进国外成果的初始阶段，迈入拓展领域、自主研究和深入讨论的阶段。

二　当代中国的印度宗教文化研究的主要特点

现将中国学界研究印度宗教文化的主要特点，归纳如下：

第一，中国学界研究印度宗教文化的最大特点，就是佛学研究成果丰硕，但长期忽略了对印度教及其文化的研究。

由于中印文化交流中经历了漫长而辉煌的佛教传入、立足和光大的历史阶段，中国学界对印度宗教文化的研究，也就长期局限在对印度佛典的整理和对印度佛教的研究方面。20 世纪 20 年代初，北京大学由著名学者梁漱溟教授开设的“印度哲学”课程，实际内容仅包含佛教哲学，而当时著名的一些文化研究大师对于中印文化的比较，实际上是以他们想象的印度佛教文化与儒释道合一的中国文化进行比较。重佛学的结果，一方面是中国学者在此方面取得了许多学术成果，特别是中国超越印度成为世界上保留佛教经典最多、最全的国家，但另一方面，这也使得中国学界在解释印度宗教文化时遗漏了印度教文化，对印度宗教多元文化也缺乏学术关注。笔者之所以作专著《印度宗教多元文化》和《印度教概论》，正是旨在弥补中国学界的研究空白。

理解印度的宗教文化，我们需要认识到印度是建立在多元文化、多民族的基础之上的，也必须关注和理解印度宗教文化的核心内容。其中重要的一点，就是我们必须认识到，从总体上讲，在印度社会占主流地位的，自始至终都是印度教文化。与印度崛起相配合，近年印度推出了一系列文化品牌，包括“圣雄甘地”、《薄伽梵歌》、《爱经》、瑜伽等宗教文化名牌，它们都是属于印度教文化范畴内的东西。今天，印度教文化不仅是印度占主流地位的文化，还让印度的其他宗教文化，如佛教文化、伊斯兰文化、基督教文化、锡克教文化等，统统打上了重重的印度教文化色彩。因此，印度教及其文化才是我们理解印度社会的关键。

第二，中国学者研究印度宗教文化的另一个特点是，现今的大部分学术成果，属于印度宗教经典文献的翻译成果。

由于年代久远、战乱和殖民掠夺，许多印度宗教经卷已经在印度本土散失不存。中国人十分幸运，不仅有古代先辈翻译保存的完整的佛教经典，新中国老一辈学者如季羡林、金克木、徐梵澄等大师，新一辈的黄宝生、王邦维、葛维钧、段晴等教授，已经将印度教的哲学、文学、戏剧作品翻译成中文，供国人阅读欣赏，而作为研究者，如何学习和利用从《罗摩衍那》《摩奴法典》《薄伽梵歌》到世界史上最长的史诗《摩诃婆罗多》等巨著，并进行系统深入的研究，是我们必须思考的问题。

第三，中国学者研究印度宗教文化的第三个特点，是重历史问题研究，对于现实问题的研究则十分不足。

研究中印文化关系的一些学者认为，从 9 世纪后“印度已不再对中国文化有重大的影响了”，特别是在近代，作为英国殖民地的印度虽然令中国的爱国知识分子产生了无限同情，但却无论如何不能激起敬仰之情，“印度热”也就缺乏根基。自 19 世纪印度在世界上的“文化衰落”，导致了整个世界对印度文化的“冷淡”，许多欧洲人将印度文化视为一种停滞的、不屑一顾的文化。在过去一百多年中，由于印度没有力量与英国的技术优势竞争，印度的价值观是“精神的”（欧洲的价值观是“物质的”）这一观点也“被一部分印度思想家采纳了；并且成为对印度知识界的一种安慰”。[①] 而近一百多年来，由于传统文化呈现衰落趋势，中国则处于自我反思、自我批判和引进、学习欧美文化的过程中，或者说“基本上是在学习西方文化的过程中，是在建设中国新文化的过程中”[②]。这一连串反映的结果便是，中国对印度文化的态度也就一直处于“冷淡阶段”，1962年边界冲突以后更是如此。虽然中国学界并没有停止基础资料的翻译工作，但对于印度多元宗教文化的深入研究，特别是对于印度当代的多元文化研究，却直到21世纪才真正开展起来。

由于在研究印度文化中的巨大时间差，中国人对印度本土的文化变迁也越来越陌生，甚至不知道印度信佛教的人口不到总人口的1%。自20世纪80年代中国改革开放以来，随着越来越多的印度人来到广东、浙江、江苏、四川等地从事商贸活动，中国人亦开始观察到，随身带着各式各样神像而来的印度教徒，在中国各地进行印度教的崇拜仪式和活动，国人对印度教现状及其影响的关注，日益急迫，这也要求我们重点关注印度宗教文化现状。

因此，对于印度教的研究是形势所迫。仅从印度教研究的角度论，新中国成立至20世纪80年代，可以说是印度教研究的准备阶段，以翻译介绍印度教经典为主。而20世纪90年代及以后，则进入印度教研究的初步阶段，在这个阶段，中国学者对印度宗教文化的研究特色是，其一，将印度宗教与印度社

① R. 塔帕尔：《印度古代文明》，林太译，浙江人民出版社1990年版，第3页。

② 汤一介：《新轴心时代的中国文化定位》，《文津演讲录》之二，北京图书馆出版社2002年版，第7页。

会文化结合起来进行研究；其二，认识到印度教作为主流宗教的重要性并开始了专门的研究；其三，重视印度的多元宗教文化的研究；其四，着力观察和研究印度宗教与现代政治、经济、国际政治外交和安全的关系及其影响。

三 印度宗教文化研究需要进一步关注的问题

在中印关系全面发展的新阶段，文化理解和交流可望扮演越来越重要的角色，为此我们需要关注印度的宗教文化，并特别重视印度的经验教训对中国的意义。

第一，关注宗教文化改革。中印文明是世界上最古老的并延续至今的文明，这是我们应当引以为自豪的。但是，在漫长的历史长河中，无论是中国文化还是印度文化，都吸附了大量的尘埃，形成了一些属于“糟粕”的东西，需要我们及时地加以批判和清理。印度媒体不时报道，自称为“瑜伽大师”的人，欺骗群众，聚敛钱财，而一些“密教大师”则蒙骗无辜，强奸妇女，杀害孩童。如何在建设一个世俗民主国家时，引导人民介入宗教理性？如何发扬优秀文化传统，改革社会陋俗？在吸收西方启蒙运动和科学革命的终级成果的同时，挑战超自然的文化权威和唯心主义思想的神秘世界观？这些中国和印度从传统社会步入现代社会时共同面对的问题，值得花力气研究。

第二，关注政教关系和依法治国。印度国家领导层早就意识到，处理好宗教问题，是将印度建设成现代化国家的最重要的前提和最起码的条件，是印度一切梦想的基础。在处理宗教问题上，《印度宪法》所规定的原则是世俗主义，即政教分离、宗教平等和信仰自由。也就是说，国家没有国教，国家机构不干涉公民的信仰自由，国家的法律法规和政府行为要保障各种宗教信徒之间的平等，最终达到宗教团结，实现各种宗教团体之间的和睦相处。但是，20 世纪 80 年代后，印度的教派冲突一直呈上升趋势，从统计数据看，规模越来越大，死亡人数越来越多，波及面越来越广，其中最突出的是 1984 年、1992 年和 2002 年的三次大冲突。宗教冲突和政治动荡所造成的社会紧张状态，使得许多问题都有可能成为导火线，从而引发新的以宗教为名的狂热行动。由于执政党在处理宗教问题时存在政教不分的情况，不仅使得打着宗教幌子的杀人、强奸、抢劫和其他暴力行为得不到惩罚，更使得许多政治社会问题无法得到及时和正确的处理，导致更多的社会矛盾和冲突。从政府的宗教管理角度说，印度最重要也最深刻的一条教训，同时也是给我国最大的启示，就是必须做到依法治国，协调好有关公民的宗教信仰权利与世俗责任和义务，在事关社会政治经济大局的问题上，对于严重违法乱纪的行为，国家机构对所有宗教信仰者和所有的宗教团体都应当以法律为准绳，严格依法办事，否则会带来更多更大的灾难。

第三，关注印度文化软实力。研究印度的宗教状况，可以学习印度展示“文化软实力”的经验。研究印度文化，是当今跨文化跨学科研究的一个重要组成部分。近年来经济的快速发展和对世界的影响力扩大，使中国和印度先后崛起，但是国际上只有“中国威胁论”，仿佛印度的崛起就是“人心所向”。在中国面临来自世界许多国家尤其是西方世界的强大压力（特别是在宗教、人权方面）的时候，我们看到的印度却没有刻意追求强人，很好地处理了“软硬”和“刚柔”关系。如果我们将印度文化作为他山之石，并从印度文化系统看清我们自己，与之比较和交流，必定有助于我们端正心态，更好地认识自己，以符合人性、宽松、鼓励创造力的柔性指标，无心插柳，引领中国社会发展的优势。

关注印度社会处理“物质文明”的“精神文明”的关系。今天的中国正在坠入物质追求和丛林文明的泥坑，效率至上成为人们追捧的口号，社会伦理亲情荡然无存，不择手段、寡廉鲜耻、贪污腐败、利欲熏心四处泛滥，拜金主义、物质享乐主义和市场竞争主义正在把人们推向疯狂、犯罪的境地。印度教教导人们，精神的追求应当置于其他一切事物之上，精神性必须以普遍的爱给予表达，必须表现在无私地服务于人类的生活之中；印度教教导人们，对一个国家或一个人是否伟大的最终裁定，不是一味追求经济繁荣与政治权力，而是以爱心服务人类，通过理解而获致宁静。这些观点对于当下的中国人和中国社会，也许会有所助益。

第三节　中印宗教文化交流与合作

自 2014 年 5 月以莫迪为首的印度人民党新政府执政以来，中印之间的高层互访不断，双方致力于建立更紧密的民间文化关系取得初步成效，有关宗教文化方面的协议已经达成不少，宗教文化方面的互动内容亦日益丰富。本节总结近一年多以来中印宗教文化交流方面的主要大事，并就当前的热点交流项目提出一些思考性意见。

一　莫迪政府执政以来的中印宗教文化交流互动

1. 加强宗教文化交流，对华输出软实力

莫迪执政虽然仅一年多，但中印之间有关人文、教育、科技等方面交流的合作意向已经由一系列协议得到肯定，官方组织和民间自发的宗教文化交流，也日益增长。如今，在中国人心目中，至少是在中国网友看来，印度总理莫迪已然是瑜伽大师。他为中国的微博用户每天提供瑜伽练习课程，向他们提供各种瑜伽姿势的速写图，并告诉他们练习瑜伽的各种好处。中国广泛报道了2015年6月13日（即第一个“世界瑜伽日”）印度总理莫迪带领三万五千余人练习瑜伽、创造了新的吉尼斯世界纪录的新闻。

莫迪的瑜伽贴，只是印度最近推出与中国民众直接接触的全面努力的一部分。印度希望借助两国民众共同的佛教渊源和其他传统来加强关系。6月13日，中国第一所瑜伽学院在云南昆明民族大学成立。这是莫迪访华期间，中印相关机构签署的合作备忘录的重要成果之一。在上海复旦大学，印度帮助建立了一个甘地和印度研究中心。

6月17日下午5点，首届中国（成都）——印度国际瑜伽节在成都都江堰开幕。印度驻华大使阿肖克·康特、成都市副市长傅永林、都江堰市委书记张余松等出席了开幕式并致辞。来自艾扬格、克里希那马查亚、卡瓦拉亚达翰慕、印迪亚、悉瓦南达、依莎哈达、阿斯汤加瑜伽等印度七大瑜伽流派的20位世界顶级瑜伽大师也参加了此次开幕式。

印度不仅仅是通过瑜伽与中国建立联系。两国最近同意合

资完成三部电影，其中一部叫“功夫瑜伽”，由成龙主演，中国电影院内上演宝莱坞的配音电影《外星醉汉》（PK），自2015年5月22日在中国院线上演以来，该片已经斩获1900万美元的票房收入。这是在世界范围内第一部票房收入突破一亿美元的印度电影。

对于近期中印之间在宗教文化方面的互动，美国之音以“印度对华输出软实力——瑜伽、宝莱坞和甘地”为题，进行了报道和评述。

2. 开通神奇“天路”

2015年6月22日，中国向印度香客开放了前往西藏冈仁波齐神山的口岸——乃堆拉山口。其根据是2014年9月习近平主席访问印度期间与印度领导人达成的共识。中国政府出于对神山的保护，禁止任何人攀登冈仁波齐，因此该峰是迄今为止没有被登山者征服的山峰。这条新朝圣路线的开通，意味着跨越喜马拉雅山的神奇天路畅通了。中方深信，“这条跨越喜马拉雅山的神奇天路，必将作为两国文人交流的又一座里程碑而载入中印友好的史册。”①

在许多印度教徒和佛教徒的心中，一生中只要到神山朝圣一次，就算完成了一件重要的善功。从印度史诗《罗摩衍那》《往世书》到西藏族史籍《冈底斯山海志》的记载推测，人们对冈仁波齐神山的崇拜，可以上溯到公元前1000年左右。冈仁波齐是冈底斯的主峰，是公认的神山，既是雅鲁藏布江、恒河、印度河的发源地，也是印度教、佛教、西藏原生宗教苯教等宗

① 乐玉成：《跨越喜马拉雅山的神奇“天路”——乃堆拉山口新朝圣路线开通纪行》，中华人民共和国驻印度共和国大使馆网站，2015年6月26日。

教信仰者认定的“世界中心”。相传神山是佛祖释迦尼的道场，佛教徒的须弥山便指此山。而在印度教中，它是湿婆大神的殿堂，素有“神山之王”的美称。天路开通，受到印度香客的热烈欢迎，无疑也可望为中印外交关系的发展增添良好气氛。

二　对中印宗教文化交流的思考

当前中印之间的热点交流项目，包括佛教文化交流、西藏朝圣、瑜伽等，现仅就这些项目的新近状况和其中的问题，提出如下不成熟的思考：

1. 关于中印佛教文化交流

佛教发源于印度，光大于中国。如今佛教的圣地在印度，但中国是最大的佛国，拥有上亿的信仰者。2015 年莫迪访华以西安为起点，登大雁塔，访古佛寺，展示了对佛教文化的喜爱。虽然印度历届政府对佛教均采取较为宽容的政策，但从近代佛教在印度复兴开始，印度教极端组织就一直采取抵制的态度。

印度教民族主义势力与斯里兰卡、尼泊尔、不丹及一些东南亚国家的佛教和印度教团体，以及与达赖集团，均保持着密切、友好的关系，对中国佛教的评价是“异化的”，对与中国佛教文化的交流的认识也很独特：有印度教民族主义的战略家认为，在佛教问题上，印度与中国的关系就是与中国“争夺亚洲文明的母亲”的地位。

近年来，“中国佛教走出去”成为一种口号，由于佛教在印度的不景气，一些中国佛教人士致力于向印度回传佛教。在印度，除了一些佛教经典和语言的研究机构外，流亡藏人团体是最有组织的佛教团体，而中国佛教界的交流对象，往往就是印度教团体，或掌控佛教圣地的印度教徒。因此，中国佛教团体和个人首先需要担负起“宗教对话”的任务，争取中国化的佛教得到印度教社会的认可。这是一项最基础的工作，需要学术界和佛教界的共同努力。在一个以印度教为主流宗教的国度，在印度教民族主义将印度教视为唯一真理、将佛教视为其中的一部分的社会环境里，在佛教与印度教复杂的历史流变中，佛教在印度的未来发展、中国佛教在中印宗教文化交流中的作用，在很大程度上取决于与印度教的和平对话。

2. 关于开通朝圣天路

喜马拉雅山在广大印度教徒心目中处于神圣地位，因此开放朝圣天路，以及沿途给予印度香客以生活、安全保障，可以展示中方为印度教徒、佛教徒的服务诚意。在印度香客看来，中印边界不是几十或几百英里的问题，神山圣湖的精神意义比成百上千英里领土更加珍贵。直到今天，正是这种印度教精神追求，还在激发印度人对中印边界的高度激情。[1] 因此，中国与印度在“边界问题”“西藏问题”上的博弈和合作，因为宗教因素和精神追求，而更加复杂和感性。

佛教从印度传入西藏，逐渐成为藏族人民精神生活的核心。佛教传入西藏时期，许多印度高僧大德亲自到西藏传教，同时也有许多西藏学僧去印度学法取经。以佛教为纽带，西藏与印度两地人民容易产生尊敬、信任与同情，许多圣迹甚至成为两地人民共同朝圣的地方，西藏与印度因此逐渐形成了一种特殊

① Dawa Norbu, “Tibet in Sino - Indian Relations: The Centrality of Marginality”, *Asian Survey*, Vol. 37, No. 11, November 1997, pp. 1088 - 1089.

的文化亲缘关系。[①] 自印度民族独立运动起，西藏作为古代印度遗产和文化宝库的形象一直持续到现在。[②] 印度教民族主义者在对待西藏问题时，一直以文化保护者自居，认为印度政府应始终坚持拥有“西藏问题”的“发言权”。这种状况即使在国大党执政时也是存在的，并非印度人民党独有。

开通朝圣天路，不仅表明中方重视印度宗教信徒的宗教情感和朝圣需要，还可促进正常的宗教文化交流，有助于使“西藏问题”不再是印度国家安全战略的重要组成部分。

印度方面的后续行动——“圣水外交”，使这条神奇天路的开通立即具备了“文化外交”成效。印度著名智库“观察家基金会”于2015年9月组团来到西藏，前往神山朝拜，前往圣湖取水。据“圣水外交”的策划人、“观察家基金会”孟买分部的领导人库卡尼博士的观察：“在盛大的印度教节日——‘大壶节’上，驻孟买领事就站在首席部长身旁，将（从西藏带回的）圣水汇入（印度教圣河）哥达瓦里河，让千万印度人感动。”到目前为止，“圣水外交”是中印双方相互配合协调、双方均正面评价的宗教文化项目。

3. 关于瑜伽

距今已有5000多年历史的瑜伽，是古印度文化的代表性展示，被誉为“世界瑰宝”；瑜伽至今已经发展演变出众多流派和分支，并不断被注入时尚元素，传遍全世界。近年来中国大中

---

① 欧东明：《现代中印关系中的文化因素》，《南亚研究季刊》2000年第4期，第55页。

② Dawa Norbu, “Tibet in Sino - Indian Relations: The Centrality of Marginality”, *Asian Survey*, Vol. 37, No. 11, November 1997, p. 1089.

城市纷纷设立瑜伽馆，有越来越多的中国人练习瑜伽，还有不少青年人专程去北印度的瑞诗凯诗（被称为瑜伽的国际首都）上瑜伽课，证明瑜伽作为印度的宗教文化品牌，也已经成功地输入了中国。

“国际瑜伽日”的提议是莫迪本人向联合国提出的，他说练习瑜伽可以“感受自己、世界与自然的合一”。他利用第一个“世界瑜伽日”使自己成为了世界级的瑜伽大师。在访问中国期间，他与李克强总理在中国天坛观看“瑜伽—太级”表演。这些安排都有助于从最高层级推动瑜伽在中国和世界的普及。

在印度国内，随着印度国民的收入水平和健康意识的提高，印度城乡的瑜伽业近年来呈现快速发展的势头。但是在政治层面，印度教民族主义者几乎是强行推动瑜伽修炼，如上所述，政府官员甚至宣称不练习瑜伽者应该“投海自尽”，而在所谓“宗教界”，印度政府认可的“印度形象大使”，如拉姆德夫等“瑜伽大师”，则宣称“瑜伽万能”——瑜伽不仅是探寻“梵我如一”的修生养性方法，还能治愈白内障、青光眼、高血压、艾滋病及各种癌症。因此，瑜伽、对瑜伽的态度以及对瑜伽的功能认识，在印度各阶层中呈现出一种复杂的社会、政治、宗教形势。但是在中国，瑜伽在民众中只是一种锻练身体、舒缓压力或减肥瘦身的方法，一般的练习者并不知道瑜伽哲学或宗教理论，瑜伽业的发展，在繁荣经济的同时，为中国民众提供了一种锻炼身体的方式，其在中国存在状况也与中国的世俗文化相适应，在有效监管的前提下，是可望继续健康成长的。

随着中印崛起，西方国家正把目光投向以中国文化和印度文化为代表的“东方文明”，试图从中国的“和谐社会”和

"世界大同"，印度的"整体主义"（holism）和"非暴力主义"中寻求未来世界发展的答案。世界上的许多有识之士都已经意识到，如果当今的世界以目前这种政治局面来维系，那么未来的世界不仅可能会出现更大的军事冲突，在经济上也只能出现强者愈强、贫者愈贫的局面。这肯定不是人类追求的发展模式。因此，研究中印文化，复兴中印优秀文化，可以有助于世界和平地、平稳地、平静地发展。正因为如此，我希望年轻学人将研究的眼光放得远大一些，在打好坚实的研究基础的同时，多研究中印两国宗教文化的"复杂性"、宽容性和"中间性"，以及中印文化模式。

中印文化对世界的贡献绝不仅限于对战争与和平的思考，在决定人类未来的生存方式和经济发展模式上，也应当有独到的贡献。作为人口众多的大国，中国和印度都必须抛弃"以化石燃料为基础、小汽车为中心、一次性产品泛滥"的西方经济发展模式，为两国人民探索一个从低产值走向高产值，从农业、制造业走向创新科技的新模式。而在此过程中，中印的"天人合一""尊重自然环境"的文化必须扮演积极的和引导的力量。与此同时，我们还必须让世界看到，作为伟大文明的汇聚处，中国和印度是如何容纳了许多文明，包括儒家、道教、印度教、佛教、伊斯兰教和基督教文明，以及在大多数情况下是如何和平共处的。对于以上这些重大问题的研究，不仅意味着一代又一代中国学人传承学术，更意味着传承伟大的文明。

第七章　当代中印大众文化交流

吴兆礼[①]

中印文化交流历史悠久。在悠长跌宕的中印文化交流中，印度佛教、音乐、舞蹈、天文历算、文学语言、建筑和制糖等传入中国，而中国的造纸术、蚕丝、瓷器、茶叶、音乐也传入印度。中印两国人民在长期的交往中相互学习、彼此尊重、取长补短，结下了深厚的友谊，两国交流面之广、彼此影响之深，在世界上也是屈指可数。近年来，随着中印两国经济发展与社会进步，曾为人类的繁荣与进步做出重大贡献的两大文明古国，正日益成为推进亚洲乃至世界经济增长的双引擎，中印合作与共同发展能够推进太平洋与印度洋两大地理板块在政治、经济与文化上的进一步融合。中印两国之间的官方与民间往来日益增多，两国合作项目渐次增多，合作领域逐渐增宽，两国民众增进彼此了解与提升交流水平的愿望也日渐提升。在此背景下，梳理中印当代大众文化的交流历史进展、探查中印当代大众文化交流机制的建立与完善的路径、归纳中印政府推动当代大众文化交流的主要形式，评估中印当代大众文化交流的现状与概

① 吴兆礼，中国社会科学院亚太与全球战略研究院副研究员。

貌，对于理解彼此文化差异与化解文明冲突，传承中印两国数千年来的文明互鉴，探讨未来提升中印文化交流水平的途径，以及构建更为紧密的发展伙伴关系，具有极为重要的现实意义。

第一节　中印当代大众文化交流的历史分期

中国著名印度学家季羡林先生把中印文化交流史分为七个阶段——汉朝以前的滥觞，后汉时期的活跃，两晋南北朝以及隋唐时期的鼎盛，宋元时期的衰微，明朝的复苏，明末清初的大转变，以及清代和近现代的涓涓细流，[①] 总体上概括了古代与近现代中印文化交流的历史。

中国南亚文化学者薛克翘将新中国成立后至21世纪前的中印文化交流的历史分为四个时期，即20世纪50年代的辉煌时期，60年代的中断时期，70年代的修复时期，80—90年代的复兴时期。

薛克翘认为[②]：50年代是中印文化交流的黄金时代，在这一时期，两国在政治、经济、文化等领域展开了全面交往。在文化方面，1951年9月，新中国第一个文化代表团访问印度；1952年4月，印度文化代表团回访。中印友好协会和印中友好协会分别于1952年和1953年成立。从此，中印文化交流蓬勃发展，在科技、宗教、文学、艺术、教育、卫生、体育、新闻等领域，双方的往来和交流都很频繁。这一时期中印文化交流的主要特点：一是两国领导人高度重视，两国政府出面组织高

---

① 季羡林：《中印文化交流史》，新华出版社1993年版。

② 蒋伟明、薛克翘：《中印文化交流五十年——回顾与思考》，《南亚研究》2000年第1期，第20—22页。

规格的大型文化代表团互访，且访问时间较长，地点较多，影响面大。二是由于两国人民长期受殖民主义的阻隔，彼此怀有加强了解的迫切愿望，情感真挚，交流取得极好效果。三是两国文化界名人热情参与，并积极撰文，现身说法，影响极大。

1962年前后的十多年时间里，由于印度政府在西藏和两国边界问题上采取了不正确的做法，两国间发生了一系列令人不愉快的事情，两国的文化交流被迫中断。

70年代是中印关系的修复期，也是中印文化交流的恢复期。中印关系和文化交流还没有完全正常化。但是，人们已经可以明显看出，中印关系一经恢复，便在80年代得到迅速发展。

80—90年代是中印文化交流的新时期。1988年5月签署中印政府间第一个文化合作协定，标志着中印文化交流经过十余年的恢复开始步入一个崭新的阶段。中印文化交流活动更加频繁，除了政府间按照文化合作协定和年度执行计划进行文化交流外，两国民间的交往也开始增加。这期间最为重要的文化交流事件是两国互办文化节。90年代中印文化交流是在两国经济改革期间进行的，因此反映出不同于以往的新的时代特征：第一，它充分体现了两国经济改革和社会发展的新成就；第二，它在传统文化交流的基础上反映了两国人民精神面貌和价值观念的新变化；第三，它在规模上、人数上和频率上都超过以往。

进入21世纪以来，中印文化交流进入了蓬勃发展的新时期。[①] 这一时期，中印文化交流的机制化发展程度进一步提升，文化交流的领域进一步拓展，青年交流成为文化交流的重要内容。

① 姜景奎：《中印文化交流刍议》，牛根富主编《谭云山现象与21世纪中印文化交流》，文化艺术出版社2005年版，第117页。

第二节　中印当代大众文化交流机制的建立与完善

中印建交后，两国政府都非常重视文化交流对巩固与发展双边关系的积极作用。然而在 20 世纪 80 年代末期以前，中印文化交流缺乏机制框架，文化交往形式也总体上比较单一，大多限于各种艺术团体的互访。只是自 1988 年中印签署了文化合作协定以来，双边文化交流机制才日渐完善起来。

1988 年 5 月 28 日，印度人力资源开发部文化体育秘书瓦拉达拉坚与中国文化部副部长刘德有共同签署中印政府间第一个文化合作协定——《中华人民共和国政府和印度共和国政府文化合作协定》（以下简称《中印文化合作协定》），制定了中印文化合作的整体框架，提供了可执行的文化交流计划，标志着中印文化交流机制的初步建立。

《中印文化合作协定》共十二条，其中第一条规定了双方文化合作是“根据平等互利的原则”，具体的合作领域涵盖“文化艺术、教育、体育、卫生、新闻出版、广播、电影、电视领域的交流和合作”，文化合作的目的是“增进了解”。为此，《中印文化合作协定》在第二条至第九条依次明确了：鼓励和促进在艺术、文化和古典文学研究方面的交流和合作；在教育方面进行交流和合作的方式；同意相互翻译、出版对方的优秀文学艺术作品，交换文化、文学和艺术方面的书刊和资料；通过本国的广播、电视及报刊介绍对方国家文化的不同侧面，为此双方将交换合适的资料和节目，互派影视专家参加对方国家举办的国际电影节；加强两国体育机构间的联系和合作，根据需要和可能互派运动员、教练员及体育队进行友好访问和比赛，开展体育技术交流；在医药卫生方面进行经验交流；在社会科学方面进行交流和合作；鼓励考古学家互访并提供方便，以便在考古挖掘、文物保护和展览、人员培训以及经双方同意的其他方面交流经验。[①]

根据《中印文化合作协定》第十条规定，两国为实施协定将定期商订文化交流计划，每个交流计划一般以两年为期限。

1988 年 12 月 19—23 日，拉吉夫·甘地总理接受中国政府的邀请对中国进行正式访问。22 日，中印签署了《中华人民共和国政府和印度共和国政府文化合作协定一九八八、一九八九和一九九〇年执行计划》。

1991 年 3 月 12 日，中印签署《中华人民共和国政府和印度共和国政府文化合作协定一九九一至一九九三年执行计划》。

1995 年 2 月 28 日，中印签订《中华人民共和国政府和印度共和国政府文化合作协定一九九五年至一九九七年执行计划》。

2000 年 4 月 10—14 日，印度文化部秘书访华，两国签署了《中华人民共和国政府和印度共和国政府文化合作协定 2000 年至 2002 年执行计划》。[②]

2003 年 6 月 23 日，瓦杰帕伊总理访华时签订了《中华人民共和国政府和印度共和国政府文化合作协定 2003 年至 2005 年执行计划》。该计划与以前的执行计划一样，为艺术院团、艺术

---

① 参见《中华人民共和国政府和印度共和国政府文化合作协定》，法律教育网，http：//www. chinalawedu. com/news/1200/23155/23156/23162/2006/4/xi552332559142460022530 – 0. htm。

② Ministry of External Affairs，Government of India，“Annual Report 2000 – 2001”，http：//mea. gov. in/Uploads/PublicationDocs/163_ Annual – Report – 2000 – 2001. pdf.

展览、青年与体育事务、社会科学和大众媒体、广播与电视电影等文化的交流与合作提供了路线图，但与以前其他执行计划不同的是，该计划还增加了一个条款，即 2005 年 6 月后，该协议将继续有效，直到谈判形成一个新的执行计划为止。①

2006 年是“中印友好年”，两国决定签订《中华人民共和国政府和印度共和国政府文化合作协定 2006 年至 2008 年执行计划》，但续订执行计划并没有如期完成。2007 年 6 月 20 日，中国文化部部长孙家正和印度旅游和文化部部长安比卡·索尼在新德里签署了《中华人民共和国政府和印度共和国政府文化合作协定 2007 年至 2009 年执行计划》。该计划涵盖文学、艺术、考古、图书、博物馆、体育、青年事务以及大众传媒等多个领域内的交流与合作项目。②

2008 年 1 月 14 日，印度总理访华期间，印度文化关系委员会与中国人民对外友好协会签订《中国人民对外友好协会与印度文化关系委员会关于文化合作的谅解备忘录》。备忘录共七款，明确了双方提升在电影、表演艺术、展览、出版以及其他相互感兴趣的文化领域的交流与合作。③

---

① Ministry of External Affairs, Government of India, “Documents signed between India and China during Prime Minister Vajpayee's visit to China”, June 23, 2003, http://www.mea.gov.in/bilateral-documents.htm?dtl/7692/Documents_signed_between_India_and_China_during_Prime_Minister_Vajpayees_visit_to_China.

② 《中印签署文化交流协定执行计划》，《人民日报》2007 年 6 月 22 日，第 3 版。

③ Ministry of External Affairs, Government of India, “Memorandum Of Understanding Between The Indian Council For Cultural Relations And The Chinese People's Association For Friendship With Foreign Countries On Cooperation In Culture”, http://www.mea.gov.in/Portal/LegalTreatiesDoc/CH08B0371.pdf.

2010 年 12 月 16 日，温家宝总理访印，中印签订《中华人民共和国政府和印度共和国政府文化合作协定 2010 年至 2012 年执行计划》。

2013 年 10 月 23 日，中印签署《中华人民共和国政府和印度共和国政府文化合作协定 2013 年至 2015 年执行计划》。该执行计划规划了所有文化领域的合作，包括表演艺术家、官员、作家、档案学家和考古学家的互访，举办文化节、电影节，以及开展大众媒体、青年活动和体育领域的交流。

2014 年 9 月 17—19 日，中国国家主席习近平访印，两国同意启动"中国—印度文化交流计划"（China-India Cultural Exchange Initiative），进一步推动两国文化交流及人员交往。主要内容包括：一是 2015 年在中国举办"印度旅游年"，2016 年在印度举办"中国旅游年"，其间双方将开展一系列推广活动促进双向游客往来，加强民间纽带；二是继续开展青年互访；三是为两国博物馆和其他文化机构交流搭建框架；四是同意成立文化部部级磋商机制以加强文化领域的合作；五是两国将加速推进中印经典及当代作品互译工程；六是双方将在电影、广播和电视领域加强交流合作；七是双方将互相支持中国的印地语教学和印度的汉语教学。①

综上所述，自 1988 年 12 月中印签署了第一个文化交流计划《中华人民共和国政府和印度共和国政府文化合作协定一九

① 中华人民共和国外交部：《中华人民共和国和印度共和国关于构建更加紧密的发展伙伴关系的联合声明》（全文），2014 年 9 月 19 日，http：//www. fmprc. gov. cn/mfa_ chn/gjhdq _ 603914/gj _ 603916/yz _ 603918/1206 _ 604930/1207 _ 604942/t1193043. shtml。

八八、一九八九和一九九〇年执行计划》至2013年10月23日签订《中华人民共和国政府和印度共和国政府文化合作协定2013年至2015年执行计划》，中印两国已经签署了多个阶段性（两年或三年）文化交流执行计划。这些协定和执行计划的实施为两国文化交流发展奠定了制度性基础。

此外，为加强中印两国文化主管部门和对口文化机构的联系与往来，建立顺畅密切的沟通渠道，共同推进和加强中印文化的对话与合作，两国于习近平主席2014年9月访印期间签署了《中印两国文化部关于文化机构交流与合作的谅解备忘录》。这是两国政府首次为加强主要文化机构合作签署的协议。2015年7月1日，文化部部长助理刘玉珠率中国文化部代表团在印度首都新德里与印度文化部举行工作会谈，启动中印文化部级工作机制，双方还就落实部级工作机制和加强两国文化机构务实合作事宜深入交换意见。①

第三节　中印推进文化交流的措施与政策

在《中印文化合作协定》以及诸多“文化交流执行计划”框架下，中印两国推动了诸如中印文化交流年、中印友好年、青年交流项目与媒体交往、编《中印文化交流百科全书》等丰富多彩的大众文化交流措施。

① 中华人民共和国文化部：《中印两国文化部在印度举行工作会谈》，2015年7月10日，http://www.mcprc.gov.cn/whzx/whyw/201507/t20150710_451348.html。

一 设立“中印交流年”“中印友好交流年”以及“文化月”活动

中印设定“交流年”是当代中印大众文化交流的重要平台。截至目前，两国先后设定2011年为“中印交流年”（Year of India - China Exchange）和2014年为“中印友好交流年”。

2010年12月15—17日，中国国务院总理温家宝访印，其间两国总理共同商定2011年为“中印交流年”，鼓励两国社会团体、青年、媒体、学者、智库、艺术家和文化界人士开展更大规模的交流。为此，双方同意今后五年内继续开展两国青年互访活动，中方将邀请500名印度各界青年于2011年访华。[1]为此，两国举办了“中印青年传统文化交流大舞台”、中国发展成就及中国民族风情图片展、云南杂技团访印演出等活动。

2013年5月19—22日李克强总理访印，为纪念和平共处五项原则发表60周年，两国决定将2014年定为“中印友好交流年”。印度总理曼莫汉·辛格2013年10月22—24日访华期间进一步明确设定2014年为“中印友好交流年”。2014年1月24日，中国国家副主席李源潮在北京出席印度驻华使馆举办的“中印友好交流年”启动仪式。2月11日，访问印度的中国国务委员杨洁篪与印度副总统安萨里在新德里举行“中印友好交流年”启动仪式。在“中印友好交流年”项目下，两国启动了形式多样的文化交流活动，如印度在中国12个城市举办的

---

① 《中华人民共和国和印度共和国联合公报》，中华人民共和国外交部，http://www.fmprc.gov.cn/mfa_chn/gjhdq_603914/gj_603916/yz_603918/1206_604930/1207_604942/t778838.shtml。

“2014中印友好交流年”之“印度掠影”系列活动、在印度举办“庆祝中印友好交流年音乐会”等活动。

此外，2005年值中印建交55周年之际，印度举办了“中国文化月”和中国举办“印度文化月”活动以增进相互了解和加深人民友谊。2010年值中印建交60周年之际，中国在印度设立“中国年”，印度在中国设立“印度年”，两国将2012年设立为“中印友好合作年”。这些活动对促进中印当代大众文化交流起到了积极的作用。

二　推进两国媒体间的交流与对话

进入当代尤其是21世纪以来，中印两国媒体间的交流与合作呈现出全面发展的良好势头，主流媒体高层交往增多，媒体从业人员往来频繁，各种形式的论坛、研讨会、对话会对加深中印彼此的沟通了解发挥了重要的作用。可以说，媒体是促进中印文化交流的重要载体和途径，中印两国政府对媒体就中印文化交流的影响与作用高度重视。

印度总理阿塔尔·比哈里·瓦杰帕伊2003年6月22日至27日访华，中印两国发表《中华人民共和国和印度共和国关系原则和全面合作的宣言》，表示将促进媒体交流以巩固历史和文化联系。中华人民共和国主席胡锦涛于2006年11月20日至23日对印度共和国进行国事访问，两国发表了《联合宣言》，双方同意将进一步加强两国关系全面发展中的积极趋势，充分挖掘媒体等领域的合作潜力。中华人民共和国国务院总理温家宝于2010年12月15日至17日对印度进行正式访问，中印发表的联合公报明确鼓励两国媒体开展更大规模的交流，两国还签署了关于新闻媒体交流的谅解备忘录。① 2013 年 5 月 20 日，中国国务院总理李克强访印，两国发表联合声明，双方同意加强媒体交流与合作以增进两国人民的相互了解和友谊，并举行中印媒体高层论坛。为此，两国外交部将在这方面紧密合作，② 中印媒体高峰论坛由中印两国的媒体轮流举办。

首先是“中印媒体高峰论坛”（China-India High - Level Media Forum）。首届中印媒体高峰论坛于 2013 年 9 月 16 日在印度首都新德里开幕。论坛由中国国务院新闻办公室和印度外交部共同举办，两国 20 多家主要媒体的负责人以及几十名专家学者与会。与会代表围绕中印媒体对相互国家的认知、新媒体及其影响、中印媒体合作范围三个主题展开讨论。论坛为期两天，其间中国代表团还将参观印度报业托拉斯——印度亚洲新闻社等机构。2015 年 2 月 20 日，由中国国务院新闻办公室和印度外交部联合主办、中国外文局和印度外交部外宣司联合承办的第二届中印媒体高峰论坛在北京开幕，中国国务院新闻办公室主任蒋建国和印度外交部部长斯瓦拉杰出席开幕式并致辞，两国近 40 家主要媒体、智库机构和政府部门官员共 120 余人与会。

其次是“中印媒体交流项目”（China-India Media Exchange Program）。“中印媒体交流项目”也称“中印媒体对话”，是由

① Ministry of External Affairs, Government of India, “Joint Communiqué of the Republic of India and the People’s Republic of China”, http: //www. mea. gov. in/bilateral - documents. htm? dtl/5158/Joint_ Communiqu_ of_ the_ Republic_ of_ India_ and_ the_ Peoples_ Republic_ of_ China.

② Avtar Singh Bhasin ed. , “India’s Foreign Relations - 2013 Documents”, p. 1020, http: //www. mea. gov. in/Uploads/PublicationDocs/25403 _ India _ foreign _ relation _ 2013. pdf.

《环球时报》公益基金会与印度观察家研究基金会联合主办的中印媒体交流活动，旨在增进中印媒体间的相互了解与认知，消除误解，弥合分歧，并致力于成为助推中印关系和谐发展的论坛。2013 年 8 月 21 日至 24 日，首届“中印媒体对话”论坛在北京举行。中印双方媒体代表就“中印媒体人如何看对方国家发展现状及形势”“中印两国共同面临的机遇与挑战”“媒体在中印关系中的作用与影响”等问题作了讨论。2015 年 1 月 30 日至 31 日，第二届“中印媒体对话”在印度首都新德里举行。中印双方近 20 名媒体人士和智库学者就莫迪总理上台后的印度对华政策、两国如何建立新型合作关系、释放经济发展潜力、改善在各自媒体上的国家形象、加强民间交流以及传统媒体与数字媒体融合等议题进行了讨论。

三　挖掘青年合作潜力，推进两国青年交往

青年代表着推进中印全方位交流与合作的中坚力量，中印两国政府高度重视青年在中印文化交流中的作用，对青年交往在促进中印文化交流方面的作用给予了特别的关注。中华人民共和国主席胡锦涛于 2006 年 11 月 20 日至 23 日对印度进行国事访问，两国发表《联合宣言》决定充分挖掘青年事务的合作潜力，同意制订青年代表团交流五年计划，中方今后五年将邀请 500 名印度青年访华，[①] 旨在进一步增进中印青年之间的相互了解，促进中印青年的友好交流与合作，培养中印友好事业的接

① 中华人民共和国外交部：《中国和印度发表〈联合宣言〉》（全文），2006 年 11 月 22 日，http://www.fmprc.gov.cn/mfa_chn/gjhdq_603914/gj_603916/yz_603918/1206_604930/1207_604942/t281112.shtml。

班人。中华人民共和国国务院总理温家宝于2010年12月15日至17日对印度进行正式访问，两国发表《联合公报》决定鼓励两国青年开展更大规模的交流，双方同意今后五年内继续开展两国青年互访活动，中方将邀请500名印度各界青年于2011年访华。①

2010年12月17日，中国总理温家宝访问印度期间在新德里与中印文化界人士座谈时表示，“文化是一个民族的灵魂，是国家发展的不竭动力。中印重视文化交流和青年交流，这将为双方扩大各领域合作提供牢固的基础。龙象共舞，从文化开始，从青少年做起，中印两个伟大民族就能世代友好下去，中印关系就大有希望”②。

2013年10月22日至24日，印度共和国总理曼莫汉·辛格访华，两国签署了《中华人民共和国政府和印度共和国政府文化合作协定2013年至2015年执行计划》，就青年交往给出了明确的路线图。2014年9月，中国国家主席习近平访问印度，两国发表《中华人民共和国和印度共和国关于构建更加紧密的发展伙伴关系的联合声明》同意启动“中国—印度文化交流计划”，决定继续开展青年互访，2015年至2019年每年各派200名青年互访。

在中印两国政府的推动下，自2006年“中印友好年”以来，中印之间开展了7次百名青年代表团互访和1次五百名青

① 中华人民共和国外交部：《中华人民共和国和印度共和国联合公报》，2010年12月16日，http：//www. fmprc. gov. cn/mfa_ chn/gjhdq_ 603914/gj_ 603916/yz_ 603918/1206_ 604930/1207_ 604942/t778838. shtml。

② 《温家宝表示中印必须重视文化交流和青年交流》，国际在线，2010年12月17日，http：//gb. cri. cn/27824/2010/12/17/2625s3094116. htm。

年代表团互访。

2011年9月20日，应中华全国青年联合会邀请，以印度青年事务与体育部国务部长阿杰·麦肯为团长的印度青年代表团一行500人访华。此次代表团主要由印度政府青年事务部门官员、青年组织负责人、社会工作者、青年企业家、大学生和农村青年代表组成。在华期间，中印青年共同举办了“古老文明青春辉映——中印青年传统文化交流大舞台”活动。代表团还考察了中国青年工作及经济社会发展现状，参观企业、社区、大学和农村等，并与中国各界青年进行对话、交流和联欢。2015年8月20日，由200名青年专业人士、学生、学者、运动员、艺术家和公民社会组织代表与政党代表以及青年事务和体育部官员所构成的印度青年代表团访华，此次访问是制订200人代表团访问计划后的首次访问。

四 合作编纂《中印文化交流百科全书》

中华人民共和国国务院总理温家宝于2010年12月15日至17日对印度进行正式访问，两国发表《联合公报》宣布2011年为“中印交流年”，同意探讨编写中印文化交流百科全书。2011年5月10日，中国新闻出版总署副署长邬书林与印度外交部副部长普拉赛特在印度首都新德里共同签署了《中华人民共和国政府和印度共和国政府关于编撰〈中印文化交流百科全书〉备忘录》。作为纪念中印建交60周年重要文化交流项目，共5款条文的备忘录强调，《中印文化交流百科全书》的编撰出版将更好地反映中印文化交流和人员往来的历史，及其对亚洲和世界文化的贡献，进一步推动两国当代关系的发展和人类文明的进步。备忘录约定,《中印文化交流百科全书》的编撰范围包括文化、宗教、医学、哲学、教育、贸易及其他领域的合作与交流;双方将各自成立一个核心工作小组,由核心小组讨论并同意该项目的执行方式;双方将成立一个由知名专家学者组成的双边小组负责承担该项目;该书将以中文、印地文和英文出版;新闻出版总署和印度外交部分别作为两国的牵头单位负责该项目的落实。在上述两部门的指导下,成立了中印联合编审委员会,主持百科全书的编纂工作。①

编纂《中印文化交流百科全书》的过程本身就是中印文化交流的过程。在这一过程中,中印学者进行了良好的沟通与合作,对两国人民长期文化交流的丰富内容作了一次再梳理、再探讨和再总结,并且对中印文化交流的历史分期作了双方都容易接受的调整,既照顾到中印两国历代王朝的更迭变迁,又照顾到两国历史上的重大事件。中印两国的学者在研究中印文化交流方面各有所长。中国学者中,有从事印度历史、佛教、哲学等各个领域研究的学者。由于古代印度人没有记载历史的习惯,古代的绝大部分条目必须由中国学者撰写。参与合作的印度学者都有很高的英语水平,兼通汉语,是研究中国历史文化的专家,尤其对近代以来的中印文化交流和经贸关系十分熟悉,掌握大量资料。经过双方分工协作、友好协商,最终达到了预

① Ministry of External Affairs, Government of India, "Mernorandum between the Governrnent of the Republic of lndia and the Government of the People's Republic of China on Gompilation of an Encyclopedia of lndia - China Gultural Contacts", http: //www. mea. gov. in/Portal/LegalTreatiesDoc/CH11B0025. pdf.

期的目的和效果。[①]

2014年6月30日，《中印文化交流百科全书》中英文版出版发布会在北京人民大会堂举行，标志着世界上第一部中印文化交流研究领域兼具查检功能和系统学习功能的大型学术文化工具书正式面世。国家副主席李源潮、印度副总统安萨里出席发布会，并为该书首发揭幕。全书以800条条目为主体，对2000多年来中印两国的贸易往来、科技交流、佛教交流、哲学交流、语言学交流、文学交流、艺术交流、民俗养生健身交流、交通交流、外交往来、学术交流等方面进行总结与描述，内含4000多个知识主题，约110万字，配图1300多幅。[②]

五　推动中印经典和当代作品互译出版

1988年签署的《中华人民共和国政府和印度共和国政府文化合作协定》第四条规定："缔约双方同意相互翻译、出版对方的优秀文学艺术作品，交换文化、文学和艺术方面的书刊和资料。"[③] 2013年5月19日至22日李克强总理访印期间，中国国家新闻出版广电总局与印度外交部在印度新德里签订"中印经典和当代作品互译出版项目"合作备忘录。

---

① 薛克翘：《为中印文化交流作信使》，《中国新闻出版报》2014年7月2日，第4版。

② 中印联合编审委员会：《中印文化交流百科全书》（Encyclopedia of China-India Cultural Contacts），中国大百科全书出版社2014年版。

③ 《中华人民共和国政府和印度共和国政府文化合作协定》，法律教育网，http://www.chinalawedu.com/news/1200/23155/23156/23162/2006/4/xi552332559142460022530-0.htm。

备忘录条文共 8 款，根据备忘录，中国国家新闻出版广电总局和印度外交部将全面负责推动两国经典和当代作品互译出版，双方同意在 5 年间各自翻译出版对方国家 25 种图书。中国国家新闻出版广电总局将负责协调获得中国图书的版权，并负责选择一家出版商和发行商负责印度图书在中国的出版和发行；印度外交部将负责协调获得印度图书的版权，并负责选择一家出版商和发行商负责中国图书在印度的出版和发行。中国国家新闻出版广电总局将负责把印度图书翻译成中文，印度外交部将负责把中国图书翻译成印地语或当地语言。此外，双方还将成立每方 5 人参与的联合工作小组，每年在印度和中国轮流召开至少一次工作会议，确定翻译出版的图书书目并评估已经商定的图书的翻译、出版进展情况。①

六　加强两国影视交流与合作

影视交流与合作是当代中印大众文化交流的重要内容。从 1988 年 5 月中印签署《中华人民共和国政府和印度共和国政府文化合作协定》至 2014 年 9 月签署《中华人民共和国国家新闻出版广电总局与印度共和国新闻广播部关于视听合拍的协议》，两国影视交流与合作经历了从单纯的节目交换和代表团访问发展为合作拍摄等多方位交流与合作。

早在 1988 年签署的《中华人民共和国政府和印度共和国政

① Ministry of External Affairs, Government of India, "Memorandum of Understanding Between The Ministry of External Affairs of the Republic of India and the State Administration of Press, Publication, Radio, Film and Television of the People's Republic of China on Cooperation in Mutual Translation and Publication of Classic and Contemporary Works", http://www.mea.gov.in/Portal/LegalTreatiesDoc/CH13B0807.pdf.

府文化合作协定》的第五条就规定："缔约双方通过本国的广播、电视及报刊介绍对方国家文化的不同侧面。为此，双方将交换合适的资料和节目；互派影视专家参加对方国家举办的国际电影节。"①

1993年9月7日，中印签署《广播电视合作协议》，规定双方至少每个月交换一次歌曲、音乐、广播与电视节目的录音与录影，为纪念国庆日双方须提前两个月交换特别节目资料。此外，协议还对交换节目的渠道、使用范围、广播电视代表团的访问与相关安排做出明确规定。②

1997年6月2日，印度信息广播部与中国国家新闻出版广电总局就中国中央电视台与印度全印电视台（DOORDARSHAN）就双方交换新闻类、经济发展、文化、教育、科技、娱乐和体育节目达成一致，签署了合作协议。③

2005年4月11日，中印就签署了"中印电影合作委员会协议"以指导两国电影合作事项，协议就合作委员会的基本职责、委员会人员组成、组织工作以及机构动作的资金来源等事项做

---

① 《中华人民共和国政府和印度共和国政府文化合作协定》，法律教育网，http：//www. chinalawedu. com/news/1200/23155/23156/23162/2006/4/xi552332559142460022530－0. htm。

② Ministry of External Affairs, Government of India, "Agreement Between the Ministry of Information and Broadcasting of the Republic of India and the Ministry of Radio, Film, Television of the People's Republic of China on Radio and Television Cooperation", http：//www. mea. gov. in/Portal/LegalTreatiesDoc/CHB1199. pdf.

③ Ministry of External Affairs, Government of India, "Agreement of Cooperation Between Doordarshan of India and China Central Television", http：//www. mea. gov. in/Portal/LegalTreatiesDoc/CH97B2030. pdf.

出明确规定。[①]

2010年12月16日签订的《中华人民共和国政府和印度共和国政府文化合作协定2010年至2012年执行计划》第4.4条规定，双方应当在中国和印度的两个或三个城市组织“电影周”活动，并相互接待对方的电影代表团，两国相关机构应当在相互磋商的基础上制定相关细节。[②]

2014年9月18日，中印签署《中华人民共和国国家新闻出版广电总局与印度共和国新闻广播部关于视听合拍的协议》。协议共18条，对视听合拍所涉及的相关名词界定、投资比例、参与者、拍摄地点、语言使用、产权界定、作品出口第三国等相关事项做出规定，[③] 为两国在电影领域加强合作、扩大交流指明了方向，开启了中印电影交流的新起点。

第四节 中印当代大众文化交流成果

中印当代大众文化交流在两国政府的积极推动下得到迅速

① Ministry of External Affairs, Government of India, “PROTOCOL ON INDIA - CHINA FILM COOPERATION COMMISSION”, http://www.mea.gov.in/Portal/LegalTreatiesDoc/CH05B0638.pdf.

② Ministry of External Affairs, Government of India, “Programme of Cultural Exchanges Between the Government of The Republic of India And the Government of the People's Republic of China for the Years 2010 - 2012”, http://www.mea.gov.in/Portal/LegalTreatiesDoc/CH10B0130.pdf.

③ Ministry of External Affairs, Government of India, “Agreement on Audio Visual CO - Production Between the Ministry of Information and Broadcasting of the Republic of India and the State Administration of Press, Publication, Radio, Film and Television of the People's Republic of China”, http://www.mea.gov.in/Portal/LegalTreatiesDoc/CH14B2103.pdf.

发展。文化代表团的互访，包括作家、艺术家、考古学家、电影节和其他文化节的举办，以及学术、出版、体育交流、青年交往、学术交流以及民间交流等，成为中印文化交流的主要形式。中印在文学、音乐、舞蹈、影视以及诸如瑜伽等传统民族文化等领域的交流成果尤为显著。

一　文学

因历史悠久、人口众多等传统因素，中印文学交流具有得天独厚的优势，也结出了丰硕的成果。1950 年以后，中华人民共和国与印度共和国正式建交后的十余年间，两国文学交流空前活跃，两国作家代表团多次互访，进行面对面的交流。自 1988 年中印签署为期三年的文化交流执行计划后，中印双方隔年派作家代表团互访逐渐形成惯例并持续至今。[①]

首先，中国译介了大量印度文学作品。

第一，20 世纪 50 年代至 60 年代初期，中国译介了近 60 部印度文学作品，涉及印度的五大语言文学，包括梵语、英语，印地语、孟加拉语和乌尔都语文学。如译自梵语的主要有《沙恭达罗》（1956）、《云使》（1956）、《龙喜记》（1956）、《小泥车》（1957）、《五卷书》（1959）；译自印度英语作家的作品主要有《安纳德短篇小说选》（1954）、《不可接触的贱民》（1954）、《两叶一芽》（1955）、《苦力》（1955）、《印度童话集》（1955）和《石榴女王》（1955）等。从印地语译出的作品包括《妮摩拉》（1959），从乌尔都语译出的有印度巴基斯坦现

① 参见中印联合编审委员会《中印文化交流百科全书》（Encyclopedia of China-India Cultural Contacts），中国大百科全书出版社 2014 年版，第 271—273 页。

代诗集《牢狱的破灭》(1958),译自孟加拉语的有《嫁不出去的女儿》(1956)、《泰戈尔作品集》(1961)。

第二,从1962年至70年代末期,中国对印度文学的译介和研究陷于停滞。

第三,20世纪八九十年代,中国出版的印度文学作品在300部以上,语种包括梵语、英语、印地语、孟加拉语和乌尔都语。如梵语的史诗《罗摩衍那》(1980—1984)、《古代印度文艺理论文选》(1980)、《那罗相达摩衍蒂》(1982),古典诗集《伐致呵利三百咏》(1982),跋婆的剧本《惊梦记》(1983),以及《印度古诗选》(1984)、《摩诃婆罗多插话选》(1987)、《薄伽梵歌》(1989)、《摩诃婆罗多·初篇》(1993)、《佛本生故事选》(1985);如英语译出的主要有《村庄》(1983),泰戈尔的书信体散文集《孟加拉掠影》(1985),泰戈尔的诗集《茅庐集》(1986)、《泰戈尔抒情诗选》(1990),钱达尔的《月光下的爱情》(1992),纳拉扬的《向导》(1993)等;从印地语译出的主要有普列姆昌德的小说《舞台》(1981)、《如意树》(1983)、《新婚》(1983)、《仁爱道院》(1983)、《一串项链》(1983)、《普列姆昌德论文学》(1987),弗林达文拉尔·瓦尔玛的《章西女王》(1987),杜勒西达斯的《罗摩功行之湖》(1988),雷努的《肮脏的裙裾》(1994),耶什巴尔的《公理和惩罚》(1986);译自乌尔都语的主要有密尔·阿门的小说《花园与春天》(1982)、M.伊克巴尔的《自我的秘密》(1999);译自孟加拉文的有小说《斯里甘特》(1981)、《玛尼克短篇小说选》(1984),泰戈尔诗选《寂园心曲》(1987),长篇小说《家庭与世界》(1987)和《王后市场》(1988)、《沉船》

(1995)，般吉姆的《毒树》(1988)，达罗克纳特·贡戈巴泰的《金藤》(1997)等；自泰米尔语译出的有《阿基兰短篇小说选》(1984)，V·阿基兰的《金花》(1990)、《女人》(1990)等。

第四，21世纪初期，译介的印度文学作品包括《虚假的事实》(2000)、《泰戈尔全集》(2000)、《故事海选》(2001)、《梵语诗学论著汇编》(上下册，2008)、《摩诃婆罗多》中文全译本(2005)、《失落的继承》(2008)、《白虎》(2010)，印度流行图书的中译本如著名已故汉学家P. C. 巴格奇先生的《印度与中国——千年文化关系》和萨尔乌达耶信托受托人P. A. 拿撒勒的《甘地——一种生活》也于2013年在中国出版。[①]

其次，中国文学在印度的译介与研究。

在1947年独立之前，印度人仍主要通过英文译本或海外华裔作家的英文作品来接触和了解中国文学。中华人民共和国成立后，中印两国的文学交流开始发展，成为中印文化交流的一个重要组成部分。中国文学作品传入印度有两个基本渠道，一是印度汉学家的译介，二是中国对外文化机构将一些代表性文学作品译成印度文字主动输往印度。中国于1950年1月创办英文杂志《人民中国》，此后又陆续创办了《北京周报》《中国文学》《今日中国》《中国画报》等英文期刊。其中《中国画报》还有印地文、乌尔都文等印度文种的版本，专门面向印度等南亚国家发行。英文版杂志也发行于印度。中国外文出版社翻译出版了许多中国古今名著，仅印地文图书即达47种，内容为中

① http://www.indianembassy.org.cn/Chinese/DynamicContentChinese.aspx? MenuId=4&SubMenuId=0.

国民间故事、寓言、童话故事等，也有一些现代作家的小说、戏剧作品。印度读者也可以在世界范围内获得中国文学作品的英文译本。此外，印度的一些文学杂志不时出版中国文学专号，介绍中国现代文学家及其作品，如介绍了艾青、袁可嘉、雷抒雁等诗人，也介绍了周立波、秦兆阳、刘绍棠、张洁和冯骥才等作家及其作品。

20 世纪 80 年代以来，印度学者对中国文学表现出前所未有的热情，中国古代诗歌被译介进入印度，如唐代王维、李白、杜甫的代表作。此外，现代作家鲁迅、当代作家舒婷的诗歌、谌荣的中篇小说《人到中年》、陈建功的《丹凤眼》、马拉沁夫的《活佛》等优秀短篇小说被译成印地文或孟加拉文。此外，《中国当代诗歌》（印地文本，1998）收入中国 27 位诗人的 54 首诗作、《艾青诗歌和寓言集》（孟加拉文本，2000），收入诗人艾青 86 首诗作和 4 篇寓言、《毛泽东诗词全集与文学赏析》（孟加拉文，2012）收入毛泽东诗词 95 首。2011 年，《泰戈尔与中国》在印度出版，2012 年 2 月印度第一部从中文直接翻译成泰米尔语的中国第一部诗歌总集《诗经》节选译本在印度出版。

最后，中印签署《中印经典和当代作品互译出版项目合作备忘录》后，除《道德经》外，列入计划的中国经典还有《诗经》《周易》《论语》《红楼梦》等，印度经典则包括《梨俱吠陀》《政事论》《古拉尔箴言》《甘地全集》等。

二　音乐与舞蹈

20 世纪下半叶以来，中印两国的音乐舞蹈交流日趋频繁，印度的音乐与舞蹈团经常访华演出，中国也不断派遣留学生和访问学者到印度学习印度舞蹈。中国人民十分喜爱独具特色的印度音乐和舞蹈，著名音乐大师拉维·香卡、苏布拉玛尼亚姆和舞蹈大师莉拉·桑姆森在中国精彩的艺术表演都深深铭记在人们的心中。

自 1955 年 6 月以来，印度派出多个音乐与舞蹈代表团访问中国，给中国观众带来丰富多彩的印度音乐舞蹈节目。例如，1955 年 6 月印度 51 人文化代表团访华，1957 年印度现代舞之父 U. 香卡来华出演歌剧《佛陀一生》，1978 年印度舞蹈家 M. 萨拉拜率团访华，1983 年印度音乐家 R. 香卡访华并在中国多地举行演出与讲座，1984 年印度婆罗多舞复兴运动的先锋 R. 黛维率舞蹈团访华演出，1986 年印度乐器演奏小组在中国多地演出印度古典音乐，1990 年印度德里大学音乐艺术学院院长在北京举办音乐会，1991 年印度加尔各答舞剧团在中国多地演出泰戈尔的舞剧《纸牌王国》，1994 年首届印度文化节在北京举办，1997 年印度艺术团访华参加第五届亚洲艺术节，2000 年印度卡塔克舞大师 B. 马哈拉吉率团来京参加中国举办的第二届亚洲艺术节，2002 年印度婆罗多舞蹈家桑姆森率舞蹈团来北京参加亚洲艺术节，在中国多地演出，2007 年印度当代萨朗吉大师参加在江苏南京召开的世界民族音乐学会第三届年会并举行演出，2008 年印度婆罗多舞蹈家桑姆森再次访华并为印度旅游文化年启动仪式演出，2009 年印度 ZEE 宝莱坞歌舞团来华演出，2010 年印度宝莱坞电影歌舞团在中国举行巡演行动，2011 年印度舞蹈团参加第二届中国新疆国际民族舞蹈节并举办 4 场专场演出，2012 年印度奥迪西舞蹈家 K. 塞加尔在广州演出、印度当代婆罗多舞蹈家R. 瓦伊德亚纳坦在北京演出，[①] 2012年由47名成员组成的宝莱坞歌舞剧团在中国巡演，著名婆罗多舞女演员拉塔·维迪亚娜珊在北京演出，2013年印度音乐家联合会主席拉里特·柯布拉加德率印度音乐家代表团访华，印度知名舞蹈艺术家达克莎·谢思舞蹈团参加第十届中国艺术节并举行演出，2014年印度国家UDBHAV舞蹈艺术团参加在中国举办的第六届亚大国际少儿艺术节、印度Kalakshetra舞团在上海演出、印度卡达克舞蹈团在深圳演出、印度卡拉协土拉舞蹈团开启“2014中印友好交流年”之“印度掠影”成都站活动，等等。

而中国自1955年12月以来，也多次向印度派出音乐与舞蹈代表团，将中国的音乐与舞蹈带给印度观众。例如自2008年以来的重要交流活动包括：2008年中国天津杂技团对印度新德里和加尔各答进行访问演出，2009年中国杭州越剧院在印度新德里演出根据易卜生经典戏剧《海达·高布乐》（Hedda Gabler）改编的《心比天高》越剧，中国音乐学院音乐家小组访问新德里并举办两场音乐会，2010年深圳交响乐团、上海歌剧院合唱团、深圳弘法寺僧伽合唱团访印参加“中国节”并举行大型交响乐“神州和乐”演出，湖南木偶皮影艺术剧院代表团访问印度举行专场演出，中国广西艺术团在新德里卡马尼剧场演出《魅力广西》，2011年中国民乐首次在印度南部最大的国际音乐节亮相，中国中央戏剧学院参加第13届印度“婆罗多戏剧节”并演出话剧《潘金莲》，2012年中国中央戏剧学院应邀参加第14届印度“婆罗多戏剧节”并在首都新德里卡马尼剧场成

① 参见中印联合编审委员会《中印文化交流百科全书》（Encyclopedia of China-India Cultural Contacts），中国大百科全书出版社2014年版，第329—330页。

功举行京剧演出，新疆木卡姆艺术团在新德里斯里堡剧场出演极富新疆民族特色的歌舞，中国广播艺术团在印度新德里斯里堡剧场里奏响了中国民族音乐，2013 年中国大型功夫舞台剧《功夫传奇》首次在印度上演，2014 年中国中央戏剧学院应邀参加第 16 届印度“婆罗多戏剧节”并在印度新德里卡马尼剧场成功演出话剧《安妮日记》，中央音乐学院艺术家代表团在印度孟买、班加罗尔举办了两场专场音乐会，中央音乐学院民族乐团访印参加中印友好音乐交流活动，2015 年广州杂技团访问印度，在新德里和古吉拉特邦举行“欢乐春节”演出，等等。

三　影视艺术

影视尤其是电影在促进中印人民交流、加强相互了解方面发挥了积极的作用。

首先是印度影视深受中国观众喜爱，进入中国市场的数量明显增多。

1951 年根据阿巴斯剧本拍摄的电影《流浪者》于 1955 年在中国各地放映并引起巨大轰动。随后，《道路之歌》于 1955 年引进中国。20 世纪六七十年代，中印电影艺术交流遭遇暂时挫折，20 世纪 80 年代后，印度电影大量进入中国影院上映，如《大篷车》《朱砂情》《奴里》等。1986 年中国文化部电影局在北京、上海、天津、重庆等城市举办印度电影周活动。

20 世纪末以来，印度电影再度引起中国观众的极大兴趣，《印度往事》在中国获得好评。2006 年是中印友好年，印度电影节先后在北京和上海举办，展映了 1990 年以来印度拍摄的十部电影，如表现反恐内容的《洛加》和根据泰戈尔的同名长篇小说摄制的《眼中砂》等。

2010年6月由印度文化关系委员会（ICCR）举办的电影节先后在北京、重庆和广州举行，上映了十部印度主流电影的代表作，如孟加拉语的《无尽的等待》（Antaheen）、《爱的发现》（Shob Charitro Kalponik），印度语的《幸运古惑仔》（Oye Lucky！Lucky Oye）、《地球上的星星》（Taare Zameen Par）、《白象》（The White Elephant），马拉地语的《哈里什钱德拉的工厂》（Harishchandrachi Factory）、《这该死的雨》（Gabhricha Paus）、《一杯茶》（Ek Cup Chya），马拉雅拉姆语的《克沙》，泰米尔语的《孩子王》（Pasanga）（Kids）。本届电影节在选片上打破了观众对于印度电影“只有歌舞片”的刻板印象，类型多样，包括喜剧、情节剧、历史剧、儿童剧等。

为庆祝印度电影一百年，印度驻上海总领事馆携手上海电影节于2013年6月举办了印度电影展映，《流浪者》《爱情战车》《人生不再重来》《蛮横有理》《孟买孩子王》《把希德叫醒》《律界新手》《情怨》《印度往事》《三傻大闹宝莱坞》《遗忘课程》《巴菲的奇妙命运》《哈里什昌德拉国王》《兰贾娜，我不会再回来了》《功夫小蝇》《我要走天涯》和《菲林卫士》等18部印度电影集体亮相。

2014年是中印友好交流年，为了进一步加强中国和印度以及两国人民间的了解和友谊，印度驻华大使馆于8月在北京举办了印度电影节。电影节期间，北京上映了《阿卡巴大帝》《灵魂奔跑者》《心归何处》等八部印度经典电影。这八部电影涵盖了歌舞片、动作片、戏剧片和爱情片等各种类型，有助于中国观众更好地了解印度历史文化、风土人情以及政治经济现状等。

除此之外，2012 年至今，全国地方电视台共引进印度电视剧 15 部 230 集，题材以家庭伦理剧为主，其中《长女的婚事》《一生的承诺》《娘家情深》《发际红》等电视剧播出后引起较大反响。

其次是与中国观众喜欢印度电影相似，中国电影在印度同样受到欢迎。

1952 年 1 月，中国电影代表团首次赴印度孟买参加国际电影节，选送影片包括《白毛女》《中国民族大团结》《钢铁战士》和《光芒万丈》。

1955 年 10 月，印度有关部门在新德里举办了中国电影周，放映了中国故事片《山间铃响马帮来》和戏曲片《梁山伯与祝英台》。

香港电影在印度十分流行，印度观众非常欣赏中国的功夫片。李小龙、李连杰、成龙等功夫片明星在印度可谓家喻户晓。李小龙的《精武门》《猛龙过江》《龙争虎斗》，李连杰的《少林寺》，成龙的《尖峰时刻》等系列作品具有代表性。

中国大陆影片在改革开放后开始出口印度，中国第五代导演的作品在印度引起关注并获得好评，如张艺谋的《红高粱》《大红灯笼高高挂》《一个都不能少》《我的父亲母亲》《菊豆》《英雄》，以及陈凯歌的《霸王别姬》，冯小宁的《黄河绝恋》等，受到印度影迷的好评。

2013 年中国电影节在印度开幕，展映的影片包括《十二生肖》《1942》《桃姐》《飞越老人院》《人在囧途之泰囧》《海洋天堂》等十部优秀影片。

2014 年 11 月，中国作为主宾国参展第 45 届印度国际电影节，电影节特设“聚焦中国”单元，集中展映《北京遇上西雅图》《全民目击》和《搜索》等 9 部中国影片。中国国家新闻出版广电总局副局长童刚率王家卫、梁朝伟、章子怡、薛晓路、苏小卫、非行等组成强大的中国电影代表团出席，在印度海滨城市果阿掀起一股中国电影热。

最后是中印签署《中华人民共和国国家新闻出版广电总局与印度共和国新闻广播部关于视听合拍的协议》，开启了中印电影交流的新起点。两国宣布启动《功夫瑜伽》和《大闹天竺》（暂名）的合拍。

四 瑜伽成为印度大众文化交流的符号与象征

印度瑜伽是源于古老印度的一种强身术，通过肉体和精神的修持达到身心和谐统一、强身健体和开发人体潜能的作用。印度瑜伽是一个通过提升意识、帮助人们充分发挥潜能的哲学体系及其指导下的运动体系，是一种达到身体、心灵与精神和谐统一的运动形式。瑜伽发展到今天，已经成为世界广泛传播的一项身心锻炼修习法。同时，作为印度传统文化的符号与象征，印度将瑜伽作为对外文化交流的重要内容。印度现任总理莫迪不仅自己亲身练习瑜伽，还在 2014 年印度政府内阁改组时专门设立“瑜伽部”以对外推广瑜伽。

2014 年 11 月 26 日，中国云南省与印度西孟加拉邦经济合作论坛（K2K）第十次会议签署《2014 昆明声明》，双方倡议在云南民族大学和印度相关大学分别建立中印文化交流中心和印中文化交流中心，并在中印文化交流中心开办瑜伽学院。

2015年5月15日，李克强总理和莫迪总理在北京共同出席“太极瑜伽相会”活动。双方同意2015年6月21日共同组织国际瑜伽日相关活动。两国领导人欢迎云南民族大学与印度文化关系委员会开展合作。《联合共建云南民族大学瑜伽学院合作备忘录》的签署，标志着印度在中国建立的首所瑜伽学院正式落地云南。

2015年8月，印度瑜伽部联合秘书（副部级）夏尔玛、顾问丹尼斯博士及莫拉基·德塞国家瑜伽学院院长巴萨瓦拉蒂博士组成的政府代表团专程访问云南民族大学，就中印瑜伽学院合作办学及未来发展等事宜进行沟通交流。印度瑜伽部联合秘书夏尔玛先生表示，此次来访是受印度政府委派，进一步落实好在两国总理见证下，中印双方签署的共建中印瑜伽学院的相关协议内容，印度瑜伽部将提供力所能及的支持，尽快选派印度瑜伽专业导师到云南民族大学，参与中印瑜伽学院的教学、课程设置等工作，帮助提供传统瑜伽教材和训练器材，及时解决办学过程中的困难，稳步推进中印瑜伽学院的各项工作。双方约定，由印度瑜伽部与云南民族大学联合举办瑜伽文化节活动，每年2月在印度举办，9月或是10月在云南民族大学举办，打造一个两国共同的瑜伽文化盛典。

第五节 中印当代大众文化交流的意义

在影响中印关系的诸多因素中，与经济、政治和国家安全等领域的双边关系相比，文化交流有不可替代的作用，具有其他任何一种形式的交往都无法企及的特色。可以说，中国和印度各自拥有的悠久历史文化传统是发展两国关系的基础；中印文化存在共性的同时也有更多的差异，使文化交流具有互补性；文化是交流的重要桥梁，起到了带动作用；而其具有的广泛性则可以避免某些“敏感区域”并促进两国关系的发展。[①] 进入21世纪以来，在中印两国关系定位不断深化——从2005年建立面向和平与繁荣的战略合作伙伴关系，至2014年决定构建更加紧密的发展伙伴——的背景下，尽管经济交流与合作被置于突出的位置，但文化交流的重要地位不降反升，其重要的原因就是两国领导人和有识之士都认识到文化交流对推动两国关系发展的积极意见。

中印文化交流两千年的历史表明，两国的文化交流是双向的，结果也是双赢的。中印文化交流已构成双边关系中一笔巨大的精神财富和一项丰厚的资源。具体而言，当代大众文化交流对中印双边关系的意义主要体现在以下三方面：一是相互借鉴，取长补短；二是增信释疑，加强合作；三是复兴东方文化，创造亚洲世纪。[②] 实际上，通过文化交流可以起到夯实相互信任的基础的作用，中印文化交流能促进中印政治关系的提升和经济关系的深化。目前，发展是两国的共同诉求，而合作发展是两国领导层的共识，为此，中印将构建更加紧密的发展伙伴关系作为双边关系的新定位，两国将聚焦合作发展，继续探讨对接发展战略的途径与可能性。如何将中国的“一带一路”倡议同印度有关倡议有效对接，实现互利合作和共同发展，将成为

---

① 赵伯乐：《文化交流在中印关系中的作用》，《当代亚太》2003年第11期，第55—59页。

② 张四齐：《中国与印度：文化交流意义深远》，《人民日报》2006年3月31日，第15版。

未来中印双边关系的重要议题。在这一过程中，文化交流起到的相互学习、相互借鉴、增信释疑的积极作用将进一步显现。

目前，中印文化交流面临历史性的有利契机，但中印文化交流出现新的特点——一是跨国公司和地区合作使人员往来更加频繁，二是高科技手段使信息交流空前密集和快速，三是经济发展对文化交流的引导力加强，四是经济竞争的加剧导致文化竞争激烈和民族主义情绪高涨——也要求中印文化交流必须适应这些新形势，[①] 立足当前并面向未来。

然而不可否认，妨碍中印当代大众文化交流的因素仍存在。在印度方面，缺乏对中国的基础性研究，阻碍了印度社会对中国文化的了解。而中国方面也缺乏宗教文化理解，文化差异使我们从客观上不容易达成较好的理解。[②] 而且，当前中印文化交流存在的主要问题还包括受政治影响过大、双边交往不对称性、印度方面对中印文化的共性的认同感差、两国的民间外交缺乏动力等。[③]

---

① 蒋伟明、薛克翘：《中印文化交流五十年——回顾与思考》，《南亚研究》2000 年第 1 期，第 24 页。

② 邱永辉：《全球化背景下的中印文化交流》，《四川大学学报》（哲学社会科学版）2006 年第 4 期，总第 145 期，第 145 页。

③ 蓝建学：《中印文化交流：历史、意义与对策》，《南亚研究》2006 年第 2 期，第 96 页。

第八章 中印地方交流与合作

杨晓萍[1]

在经济全球化的大趋势下，国际交流与合作的发展正在由国家层次向地方层次纵深，而各国中央政府对地方的放权，也使得地方在国际交流与合作中的地位和作用显得越来越重要。作为中国周边最大的发展中国家，中国与印度的地方交流与合作，是中印政治、经济、人文交流的重要组成部分，也是中印两国相互学习、探索创新型发展模式的重要连接点。

与中国与其他国家的地方交流合作相比，中印地方合作交流起步较晚、友好城市数量并不多，目前还主要限于一般礼节性的交往。但鉴于两国都是发展中的人口大国，且为在亚太地区具有重要影响力的上升性的国家，中印地方交流的潜力大、前景好，拥有较大发展空间。

第一节 中印地方交流合作的历史与特点

作为邻国，中印两国在历史上的交往从本质上可以归为

---

① 杨晓萍，中国社会科学院亚太与全球战略研究院助理研究员。

“地缘文化”① 的范畴。这种“地缘文化”首先集中体现在中印两国相邻地区人民的宗教、科技、贸易和生活方式的相互影响和互通有无。中印间的地方交流曾是两国文化、经济、科技的最前沿领域，具有蓬勃的内在动力。

一般认为，中印两国曾通过佛教这个文化符号相连，并通过古丝绸之路实现了贸易和人员交流。但在实际中，中印的地方交流与合作大大超出了这个范畴。在这个进程中，中国与印度进行交流的区域集中于青藏地区、新疆、成都、云南以及海上丝绸之路的泉州。在路线上，较为典型的有四条：一是北线，又叫天山道（即玄奘取经路线），即从中国西安，西行经过河西走廊、新疆戈壁滩，翻越帕米尔高原，然后再折向南绕道今阿富汗、克什米尔、巴基斯坦到达印度；第二条是南线，又称为南方丝绸之路，即起自四川成都，经云南大理、保山、腾冲和缅甸北部，到达印度东北地区的阿萨姆，沿布拉马普特拉河而下，再经孟加拉，到广袤的北印度平原；第三条是海上丝绸之路，即从中国泉州经过东南亚（主要是缅甸的蒲甘）、孟加拉湾，到达印度洋；第四条是青藏古道，即历史传说中的“麝香之路”或“玉石之路”，实际上是沿山川地望分布的道路群，因是唐初文成公主与吐蕃和亲的进藏路线被习惯地称为“唐蕃道”，其余多条可循道路则被忽略。自唐代以来，青藏古道作为连接中印之间官方及民间往来的重要通道，在沿途佛寺的建造与分布、民间贸易的集散与流通，以及宗教习俗的相互渗透与影响上发挥了重要的作用，在古代中印经济文化交流中具有重

---

① 详见谭中《CHINDIA/中印大同理想与实现》，《深圳大学学报》（人文社科版）2007 年第 24 卷第 3 期，第 8 页。

要作用。

在佛教传播上，沿古丝绸之路西行，有许多重要的佛教石窟及寺院，像甘肃天水的麦积山石窟，兰州的炳灵寺石窟，甘南的拉卜楞寺，青海西宁的塔尔寺，乐都的瞿昙寺，互助的佑宁寺，黄南的隆务寺，玉树的结古寺，果洛的白玉寺以及西藏的桑耶寺、大昭寺、哲蚌寺，等等，多是沿着佛教传播的路线来建造和布局的。并承担沟通古代汉、藏、印人民相互往来的文化使命①。其既有体现汉传佛教的石窟古刹，又有反映藏传佛教的高原寺院，还有象征印度佛教的殿堂庙宇，尽管风格各异，宗派林立，但其内在特征是：无论沿着河西走廊西渡，还是沿着青藏古道南行，印度佛教传播的历史痕迹随处可见，这是值得人们特别关注的。

从民间贸易、货品集散与流通上看，在古代自然经济条件下，商品贸易对中印两国的官方来说，主要还并不在于促进经济发展，而是从扩大王朝影响的政治需要来考虑的。经济往来实际是伴随着政治外交和宗教文化交流而展开。由于中印两国都处于农耕文明，土地广袤，物产丰富，使得双方从整体上来说只需进行有限的互通有无的民间商贸活动，就可以满足各自的消费所需。从中原内地运往西藏及印度的货物主要是茶叶，其余还有锦绸、盐铁、金银铜器等；从西藏和印度输往内地的有布匹、染料、名贵药材，还有宗教用品及生活日用品等。

这种交流还促进了中印两国邻近区域科技的交流。以水稻

---

① 参见郭洪纪《从多视角看青藏古道在中印交流中的特殊性》，《青海师范大学学报》（哲学社会科学版）2008 年第 6 期，第 51 页。

的种植为例，据日本学者渡部忠世的看法，亚洲栽培稻起源于中国云南和印度阿萨姆这两个地方，而雅鲁藏布江（印度境内称布拉马普特拉河）连接起云南和阿萨姆。这条河流经青藏高原，在墨脱北部流向突然急变，向西形成一个大的弯曲，其支流伸到临近西藏的察隅附近。由于这条支流的连接，在古代，阿萨姆与云南就形成了相同性质的稻种分布。另一个比较典型的例子是纸张。在古代印度还普遍使用树皮、树叶一类的东西作记载的工具时，居住在新疆塔里木盆地以南和阗的印度侨商，就将纸张引进到印度。同样，造纸法虽然比纸传入印度要晚，但基本确定其传输路线很可能是通过克什米尔，因为克什米尔靠近和阗，处于中印古交通线路上的要冲。

在中印地方交流合作历史中，南方丝绸之路发挥了跨界民族联系和经济交流的双重作用。印度东北部的阿萨姆就是一个人类博物馆，因为它位于人类重要的移动路线上。当时，有几条路线到达阿萨姆，而从缅北到阿萨姆一路是最重要的。它又分为两条："一条穿越东北的帕特开山，通过缅甸的胡康河谷，从列多—马哈利达到中国；另一条通过阿萨姆东南部的曼尼普尔和卡恰尔。"① 印度东北地区藏缅语族的民族称他们来自中国西南，他们很可能是在蒙古群体大移民的浪潮中于若干世纪前从东北方移居至阿萨姆。并且，从现有考古学的发现，从阿萨姆到缅甸北部和云南滇池、洱海的一大片地区，均发掘出形状大致相似的有肩石斧，而这属于"古羌人文化系统，尤其与以甘肃西南部为中心的齐家文化最为接近"。

---

① 转引自朱昌利《南方丝绸之路与中、印、缅经济文化交流》，《东南亚研究》1991年第3期，第10页。

这一地区古代民族移动路线大致与后来的商道也一致。据考证，蜀地是中国养蚕最早的地区之一，而印度东北地区是印度蚕丝业创立最早和最发达地区，这可能主要源于东北地区的地理位置，它有可能最先接受外来蚕丝技术。“印度之蚕丝业创始于阿萨姆之布拉马普特拉河与恒河间的地区，以后由此渐渐西传而波斯、而中亚细亚、而欧洲。”“多少世纪以来，阿萨姆都是著名的丝织品中心。”与此同时，中国西南地区的食盐和铁锅也销往印度东北的那加山区。在这种长期经济交往中，印度以及西亚地区的某些特产也通过西南陆上商道销往中国西南地区。印度输出到中国的有琉璃、宝石和珍珠等物品。此外，中国云南和印度阿萨姆的栽培植物交流，有利于两地区的农业生产发展和作物品种多样化。较为典型的例子是中国茶树传入印度，还有中国的瓷器。

而在宗教上，公元7世纪，由印度传入缅甸，再由缅甸传入云南大理一带的密教称为滇密或阿阇梨教（或称吒力教）。南诏以后，阿阇梨教在大理地区继续发展，产生了深远的影响，并与一些少数民族的民间宗教融合，吸收了他们的一些神祇、礼仪、巫术等。在阿阇梨教的神坛中，可以看到密教的神祇与巫教的本主并列，甚至和印度教的神灵大黑天和大自在天等相与伍。此外，云南德宏州地区傣族信仰的小乘佛教，有摆庄、多列和左抵等派别，它们都是从缅甸瓦城传入德宏地区。而在缅甸北部的曼德勒城，受中国和印度建筑式样影响。曼德勒有十二座城门，而蒲甘也拥有十二座城门。据考证，蒲甘城是室利差呾罗国后裔建筑的，而曼德勒城又是仿蒲甘城建筑。从根源上，室利差呾罗城的建筑与印度和中国都有关系，这点可以从中国唐朝史籍中的十二门记载得到印证。

在海上丝绸之路上，中印之间的海上丝绸之路确定应是在公元前2世纪。据法国汉学家费琅的考证，汉武帝当时开辟的海上丝绸之路是从日南、徐闻、合浦出航，沿着越南海岸航行，中经缅甸的蒲甘到达南印度的康契普腊姆，以此来联系东南亚、印度。航线的中点夫甘，即缅甸的蒲甘古城，在今伊洛瓦底江左岸尚可见其废址；而航线终点，黄支，则是印度东海岸的古国，也就是今印度半岛东南部的康契普腊姆（Conjervaram）。中印之间的海上丝绸之路开辟后，中国丝绸源源不断地输入印度，在那里同来自地中海的罗马商人进行交易。在《罗马帝国衰亡史》一书中：罗马每年有120艘商船从埃及的迈奥霍穆港到印度的马拉巴海岸和斯里兰卡，同亚洲远邦商人进行贸易，其中包括中国商人。当这些罗马商人回非洲后，便将买到的货物从亚历山大港运入罗马都城。罗马人酷爱中国丝绸，至1世纪，在罗马已有中国丝的贸易，当时因西域交通中断，故这些中国丝大多由海道经印度转运而来。在《博物志》一书中记载，罗马每年为购买中国丝绸而流入印度、中国及阿拉伯半岛的金钱，不下一亿罗马币。而经营这种中介贸易的安息（即波斯，今伊朗）、印度亦从中牟取暴利。

因而，在中印交流合作的历史中，不难发现，地方具有强烈的自主和驱动。中印接壤的地区，不仅是民族迁徙，文化、宗教交流的前沿地带，而且承接着中印贸易、经济交流的重要中转站和连接点的历史使命。中印的地方邻近地区是两国文化和经济贸易的前沿地带，是科技、艺术、语言、习俗、生活方式相互渗透、相互学习的集中体现区域。这种地方的交流和合作是自然的，是一种地缘文化观念上的，虽然在事实上具有地缘经济的地位。地方合作在交流的背后具有自身的文化和经济逻辑，是历史进程的重大推进力量。

第二节 中印地方交流合作机制与路径

随着中印两国完成自身“民族国家”的建立，中央权威的加强带来的是传统的跨界的“地缘文化—经济单元”的碎片化，传统地方联系的纽带有所弱化，地方必须在大的行政层面遵循中央政府的发展规划。在这种背景下，中印两国间的地方合作与交流的形式就发生了彻底的变化，由原来较为自然的方式，转变为政府主导、民间配合的局面。

目前，中印地方交流的合作机制和路径主要包括：

1. 国际友好城市的建立

当前，缔结友好城市是地方对外交流与合作的一项重要内容，是开展地方间国际交流与合作的重要桥梁和有效途径，也是对外宣传的重要渠道和阵地。友好城市关系是一种固定的地方政府关系，具有一定的官方性质，双方政府基于对本地区经济繁荣的考虑，都愿意积极促进彼此在各方面的交流与合作，友好城市关系通过双方多层次的长期交往，彼此之间有较全面的了解，双方互访多、联系多、朋友多，为开展地方性对外交流与合作提供了广泛的活动舞台。

在中印的地方交流中，目前双方一般都有固定的联络机构来承担地方性的对外交流工作。中国方面，地方政府层次的交流由地方政府的外事办公室承担，民间的交流以地方人民对外友好协会为中心展开，在一些具体领域，还有一部分是由地方科学技术交流中心、地方科学技术协会等来承担的。

而印度方面，目前主管人文外交的主要实践者主要是文化关系委员会和外交部下属的公共外交司。文化关系委员会在海外开设有 38 个印度文化中心，在国内有 20 个地区办公室，用 5 种不同语言创办了 6 种杂志，并经常举办音乐节等文艺活动。公共外交司通过驻外使团举办电影节，并制作一些经典音乐专辑。在人员和机构交流方面，文化关系委员会每年为在印度学习的外国留学生提供 30 个奖学金名额，并为 20 名优秀学者访问印度提供差旅费。同时，该委员会每年还资助 49 名印度人去国外大学访学，其中一半人员从事印地语和其他印度语言教学。2012 年，文化关系委员会赞助了 119 个印度文化团体赴国外演出和交流，与外国大学签署了 89 份设立印地语客座教授岗位的谅解备忘录。公共外交司则召开了一系列国际会议和研讨会。整体而言，印度专门负责地方交流的主要力量还在邦一级政府，包括智慧城市和发展模式的对接。

2015 年，中印签订《中印地方交流合作机制协议》，这是印度政府第一次和其他国家签署的地方层面的合作协议，是两国关系中有特殊意义的大事。同年 5 月，首届中印地方合作论坛在北京举行，由中国人民对外友好协会和中国国际友好城市联合会共同主办。有来自中国国内两个直辖市、4 个省、4 个城市及印方两个邦、4 个城市共约 180 人出席。莫迪在发言中表示，印方高度重视此次论坛，愿借此论坛与中方省市共同探讨、创造新的地方交流合作机会，将中印地方交流及中印两国关系提升到新的高度。

在这次地方合作论坛中，中印双方讨论了“智慧城市，智慧生活”这一主题，就地方在促进中印建立更加紧密的发展伙伴关系中的作用、可持续城镇化两个议题展开了深入讨论。在论坛中，中国人民对外友好协会与印度外交部签署了《关于建立中印地方合作论坛的谅解备忘录》，决定将两国地方交流机制化，并决定四川省和卡纳塔卡邦、重庆市和金奈市、青岛市和海德拉巴市以及敦煌市和奥朗加巴德市签署第三批中印友好省邦城市协议，携手推动两国省邦及城市间资源共享、优势互补、共同发展。

古吉拉特邦首席部长帕特尔在讲话中也强调，印度各邦重视发展对华友好关系，愿与中方各省市加强联系，推动各领域务实合作。同时，北京市市长、重庆市市长、山东省省长、广东省省长、四川省常务副省长甘肃省副省长、青岛市市长、成都市副市长、昆明市副市长、敦煌市市长及印古吉拉特邦首席部长、马哈拉施特拉邦首席部长、艾哈迈达巴德市市长、金奈市市长、新德里市代市长、海德拉巴市政官等也出席论坛并发言。由此不难看出，目前中印地方交流的主要权力中心停留在邦一省和市一级。

2. 次区域合作

中印作为邻国，相邻区域的合作与交流具有自身内在的动力与基础。随着经济全球化的深入，以及国家主权观念的被普遍接受，地方政府在国际区域合作中正在扮演以前未曾扮演的角色。这主要源于地方具有两大优势，一是地理上的相邻便于合作，二是地方政府在国际区域合作中较少受到主权争议、政治感情、意识形态等非经济因素的影响。

就中印间的地方合作而言，目前较为重要的机制是孟中印缅（BCIM）合作机制。孟中印缅次区域（BCIM）包括孟加拉国、中国西南部、印度东北部、缅甸，是连接印度洋和太平洋的核心区以及亚洲各次区域的重要枢纽。往内拓展有中、印、缅、孟广袤腹地，往外延伸有加尔各答、吉大港、仰光等著名港口，是中国与印度这两个新兴经济体和最大的发展中国家的连接地，是中国、东南亚、南亚地区三大市场的融汇地，同时也是中国开拓印度洋出海大通道的必经之地，通道价值、地缘区位和战略意义极其重要。在历史传统上，南方丝绸之路、茶马古道、驼峰航线是4国友好交往的主要通道和历史见证。

近年来，4国凭借特有的地缘战略区位、丰富的自然资源、后发的经济潜力、巨大的人口规模、不断增长的市场需求和扩大对外开放的意愿，经贸合作不断发展扩大。2013年5月，中国国务院总理李克强访问印度期间，在新德里与印度总理辛格举行会谈，双方一致同意开展在产业园区、基础设施等领域的大项目合作，共同倡议建设孟中印缅经济走廊。总的来看，孟中印缅经济走廊建设已经奠定了重要的要素基础、市场基础、产业基础和发展基础，可以实现多方共赢，可以成为中国深化内陆沿边开放的重要战略支点。

目前，在次区域的互联互通上，孟中印缅经济走廊通道初具雏形，以云南省为支点，已经初步形成了5条交通线：一是昆明—猴桥—密支那（缅甸）—雷多（印度）—达卡—加尔各答，适宜重点布局农产品种植、宝玉石加工、旅游业和装备制造业；二是昆明—瑞丽—曼德勒（缅甸）—达卡（或吉大港）—加尔各答，适宜布局农副产品加工、转口贸易及其他制造业；三是昆明—瑞丽—皎漂—南亚国家，以输油管道为主，适宜重点布局石化工业和其他制造业；四是昆明—瑞丽—仰光（缅甸）—东南亚国家，适宜布局能源、矿产、农产品加工等产业；五是昆明—清水河—腊戍（缅甸）—曼德勒，适宜布局农产品、木材等加工。

在 2013 年 BCIM 作为国家战略提出后，包括中印在内的次区域合作可以考虑主要集中于：1. 以交通为主要内容的基础设施建设，是孟中印缅经济走廊的基本条件；2. 互补性产业结构和巨大的相互贸易需求，是孟中印缅经济走廊建设的动力所在；3. 分布在交通沿线的产业园区各具优势，人才流、物流、资金流、技术流、信息流集聚明显；4. 包括贸易、投资、金融、旅游在内的互联互通便利；5. 以经济走廊为依托增强中印两个世界最大人口国家的经济、金融合作；6. 提升对缅甸、孟加拉国的投资水平，充分利用两国的资源、能源优势。

同时，在中印进行次区域的合作中，需要充分发挥原有的民间交往和文化交流优势。孟中印缅经济、文化、思想交流源远流长，佛教、音乐、舞蹈、天文历算、文学语言、建筑和制糖等传入中国；同样，中国的造纸、蚕丝、瓷器、茶叶、音乐传入各国。近年来，在地方政府（如云南）的推动下，由中国国家商务部和云南省人民政府共同主办，邀请南亚各国商务部门联合举办了首届中国—南亚博览会，期间举办了旨在增进中国和南亚国家经济文化交流的系列活动；2013 年 12 月在云南瑞丽市姐告边境贸易区举办的中国缅甸边境经济贸易交易会已经成功举办 13 届。这些活动有效促进了 4 国在贸易投资、交通旅游等方面的合作。

就次区域合作框架下地方、城市间的经贸合作而言，主要涉及资产管理、交通运输、地方产业构建、投资融资、对外招商、劳务市场、环境保护、河川污染治理，等等。

整体而言，中印间的次区域合作有基础，符合当前两国发展的大局。

第三节　中印地方交流合作问题与前景

传统上，中国的边疆地区是“夷”，中央对其是采取疏散的管理，只要求其在礼仪上服从天朝即可，因而一定程度上可以说，在民族国家建立前，中印间传统地缘文化的地方单元是完整的，其交流的方式是自然的，是符合文化和经济发展自身逻辑的。

在全球化的今天，必须统筹的是中央和地方的关系，因为地方交流合作的主体、变量和影响因素都发生了变化。在某些情况下，地方政府的利益驱动与主权国家的整体国家利益优先权重并不完全一致，而生硬的国家对国家的路径其效果也在很大程度上受到质疑，因而从另一方面看，地方合作又是实现国家利益更灵巧、高效、经济的工具。在这个过程中，关键是中央与地方的协调，以及内在的经济逻辑、传统的文化联系纽带与当代行政权力与战略规划的协调。

在当前中印地方交流的现实图景中，存在的问题主要包括：

首先，由于 1962 年冲突后中印两大社会——包括政策精英、学界、媒体、商业团体、专业化组织——长时间的隔绝和较低频率的交往，导致两大社会与彼此沟通与交流的知识储备和专业人才队伍均非常缺失，中印是两个邻近又陌生的国家。甚至在具体机制的对接中，两国的政治系统和社会结构上的巨大差异，大大降低了机制运作的效能。

其次，商业界的巨大潜力以及经贸往来对消弭两大社会陌生感的巨大潜力并未被挖掘出来。一定程度上，企业是走在政府前面的，资本无国界的流通，只遵循资本盈利的逻辑；资本对市场和机遇的灵敏度，大大高于国家的判断。然而，资本和商业的巨大作用，需要一个好的基础设施的配套，而这是政府应该提供的公共产品，如投资环境、基础设施、劳工法律，等等。在这方面，国家的中央层面、地方的邦（省）层面，以及临近的市层面，都应该倾听商业界的真正需求，为经济发展和两国产业链的整合保驾护航。

再次，边界地区对于维护中印两国关系稳定大局的特殊作用要继续加强。这既包括继续积极发展边贸，也包括继续为两国在边界地区的宗教朝圣、跨界民族交流等方面提供便利。以一种轻松、灵活和“命运共同体”的态度来维护边界地区的和平与安宁。

最后，地方合作的最终推进效果，在很大程度上仍取决于在权力架构上中央与地方权力的分权与协调，以及在国家整体发展战略上的相互配合。典型的例子如“智慧城市”标准的建立，以及不同地方在对外交往合作中的侧重点，中央能够给予的政策配套，以及地方能够给中央反向输回的利益。

中印地方合作与交流虽然起步晚，但大有可为。

参考文献

孙士海主编：《印度的发展及其对外战略》，中国社会科学出版社 2000 年版。

［印］普普尔·贾亚卡：《英迪拉·甘地私人传记》，张曙薇、姚大伟译，时代文艺出版社 1999 年版。

［美］弗朗辛·R. 弗兰克尔：《印度独立后政治经济发展史》，孙培钧等译，中国社会科学出版社 1989 年版。

张淑兰编：《印度拉奥政府经济改革研究》，新华出版社 2003 年版。

［印］桑贾亚·巴鲁：《印度崛起的战略影响》，黄少卿译，中信出版社 2008 年版。

［美］斯蒂芬·科亨：《大象和孔雀：解读印度大战略》，刘满贵等译，新华出版社 2002 年版。

［印］阿玛蒂亚·森、让·德雷兹：《印度：经济发展与社会机会》，张宏良译，社会科学文献出版社 2006 年版。

［法］乔治·赛代斯：《东南亚的印度化国家》，蔡华、杨保筠译，商务印书馆 2008 年版。

［英］爱德华·卢斯：《不顾诸神：现代印度的奇怪崛起》，张淑芳译，中信出版社 2007 年版。

吴永年、赵干城、马缨：《21 世纪印度外交新论》，上海译文出版社 2004 年版。

［印］R. 塔帕尔：《印度古代文明》，林太译，浙江人民出版社 1990 年版。

［德］卡尔·皮尔尼：《印度中国如何改变世界》，陈黎译，国际文化出版公司 2008 年版。

［印］杰伦·兰密施：《理解 CHINDIA：关于中国与印度的思考》，蔡枫、董方峰译，宁夏人民出版社 2006 年版。

王灵桂主编：《国外智库看“亚投行”》，社会科学文献出版社 2015 年版。

季羡林：《中印文化交流史》，新华出版社 1993 年版。

中印联合编审委员会：《中印文化交流百科全书》（Encyclopedia of China-India Cultural Contacts），中国大百科全书出版社 2014 年版。

牛根富主编：《谭云山现象与 21 世纪中印文化交流》，文化艺术出版社 2005 年版。

江亚平：《印度：一个不可思议的国度》，深圳报业集团出版社 2009 年版。

中华人民共和国外交部：《中华人民共和国和印度共和国关于构建更加紧密的发展伙伴关系的联合声明》，2014 年 9 月 19 日。

赵干城：《印度东向政策的发展及意义》，《当代亚太》2007 年第 8 期。

赵干城：《中印政治关系的内涵与特点》，《南亚研究》2010 年第 4 期。

阮金之、曹云华：《印越战略伙伴关系：发展、动因及影响》，《南亚研究》2010 年第 2 期。

张力：《印度迈出南亚——印度“东向政策”新阶段及与中国的利益关联》，《南亚研究季刊》2003 年第 4 期。

马樱：《印日关系：从平淡到全球性伙伴》，《当代亚太》2003 年第 9 期。

赵阶琦：《日本加强对印外交的背景与前景》，《日本学刊》2006 年第 6 期。

戢梦雪、李文贵：《中印贸易合作机制及合作潜力探析》，《南亚研究季刊》2015 年第 2 期。

刘向阳：《中印经贸关系的发展现状及发展前景》，《价格月刊》2013 年第 8 期。

赵伯乐：《文化交流在中印关系中的作用》，《当代亚太》2003 年第 11 期。

张四齐：《中国与印度：文化交流意义深远》，《人民日报》2006 年 3 月 31 日。

蒋伟明、薛克翘：《中印文化交流五十年——回顾与思考》，《南亚研究》2000 年第 1 期。

邱永辉：《全球化背景下的中印文化交流》，《四川大学学报》（哲学社会科学版）2006 年第 4 期。

蓝建学：《中印文化交流：历史、意义与对策》，《南亚研究》2006 年第 2 期。

谭中：《CHINDIA/中印大同理想与实现》，《深圳大学学报》（人文社科版）2007 年第 24 卷第 3 期。

郭洪纪：《从多视角看青藏古道在中印交流中的特殊性》，《青海师范大学学报》（哲学社会科学版）2008 年第 6 期。

朱昌利：《南方丝绸之路与中、印、缅经济文化交流》，《东南亚研究》1991 年第 3 期。

欧东明：《现代中印关系中的文化因素》，《南亚研究季刊》2000 年第 4 期。

蒋伟明、薛克翘：《中印文化交流五十年——回顾与思考》，《南亚研究》2000 年第 1 期。

李捷、曹伟：《斯里兰卡内战结束以来印度对斯政策分析》，《南亚研究》2013 年第 4 期。

张四齐：《印度人民党及其大国战略》，《前进论坛》2001 年第 6 期。

Kanti Bajpai, "Indian Strategic Culture", in Michael R. Chambers ed., South Asia in 2020: Future Strategic Balances and Alliances.

Yogendra Singh, India – Vietnam Relations: The Road Ahead, Special Report No. 40, Institute of Peace and Conflict Studies (IPCS), India, April 2007.

Mohan Malik, "Eyeing the Dragon: India's China Debate", Asia – Pacific Center for Security Studies, December 2003.

Francine R. Frankel and Harry Harding eds., *The India – China Relationship: What the United States Need to Know*, Columbia University Press, 2004.

Baldev R. Nayar and T. V. Paul, *India in the World Order: Searching for Major Power Status*, Cambridge: Cambridge University Press, 2003, p. 230.

Nimmi Kurian, Emerging China and India's Policy Options, Lancer Publishers &Distributors, 2001.

Swaran Singh, China – South Asia: Issues, Equations, Policies, Lancer's Books, 2003.

M. D. David and T. R. Ghoble eds., *India*, *China and Southeast Asia*, Deep &Deep Publications PVT. LTD., 2000.